Wolf Donner

NEPALKUNDE

Menschen, Kulturen und Staat
zwischen Monsunwald und Bergwüste

Edition Kathmandu

Inhalt

Anhang

Umschlaginnenseite

Einleitung

Bevor Nepal zu Beginn der 1950er Jahre seine Grenzen für jedermann öffnete, galt es dem Ausland als »verbotenes« und »geheimnisvolles« Königreich, abgeschirmt durch die »Fieberhölle« seines Tieflandes und die »tapferen Gurkha-Soldaten«. Später verklärte man es zum friedlich-toleranten »Shangri-La« im Glanz einer Schneegipfel- und Goldpagodenromantik. Nicht nur das Ausland war überrascht, als dieses Märchenreich Ende der 1990er Jahre mit einem maoistischen Guerillakrieg Schlagzeilen zu machen begann.

Seitdem scheinen die Verhältnisse stetig komplizierter zu werden. Es ist ein Verdienst der Parteiendemokratie nach 1990, daß immer mehr Nepaler lautstark auf sich aufmerksam machen und ihre Rechte einfordern. Es ist ein Zeichen für das Scheitern des demokratischen Systems, daß die Menschen dabei häufig zu Gewalt greifen. Die Ursachen für die verbreitete Unzufriedenheit sind weitgehend in einem Mangel an dem zu suchen, was man gemeinhin unter »Entwicklung« zusammenfaßt.

Der Verfasser lebte von 1966 bis 1969 als Berater in Nepal und konnte bei Besuchen in den folgenden vier Jahrzehnten große Veränderungen beobachten. Verändert haben sich vor allem die Städte, das Grenzgebiet zu Indien und jene Zonen des Inneren, die durch Entwicklungsprojekte und Touristenströme nachhaltig berührt wurden. Das bedeutet umgekehrt, daß weite Teile Nepals, die der Kurzzeitbesucher kaum je zu Gesicht bekommt, in vielerlei Hinsicht nach wie vor »ursprünglich« sind und es auch noch lange bleiben werden – dafür sorgt schon die verkehrsfeindliche Topographie. In der Statistik der Vereinten Nationen gehört Nepal heute wie damals zu den ärmsten Ländern und wird entsprechend reichlich mit Entwicklungshilfe bedacht.

Dieses Buch versäumt es nicht, Bedeutung und Sinn von »Entwicklung« gelegentlich in Frage zu stellen. Ist es Zufall, daß im Nepalischen die Worte »Entwicklung« und »Zerstörung«, *bikas* und *binas*, einander so ähnlich sind? In erster Linie aber ist dieses Buch als kurzgefaßte **Entwicklungsgeographie** angelegt. Es stellt die faktischen Voraussetzungen dar, unter denen die Bemühungen stehen, Nepal den reichen, demokratischen Industrieländern ähnlicher zu machen. Fachleute, beruflich oder ehrenamtlich Engagierte und Reisende werden diese landeskundlichen Grundlagen auch jenseits von Entwicklungsfragen zu schätzen wissen.

Das **erste Kapitel** beschreibt die äußerst vielfältigen Naturräume Nepals und ihre Eignung als menschliche Lebensgrundlage. Hier fällt vor allem die weite Höhen- und Klimaspanne auf, vom hochproduktiven monsuntropischen Tiefland der Ganga-Ebene bis zur Bergwüste des Tibetischen Hochlandes. Das **zweite Kapitel** erzählt die Geschichte des Nepal-Tals und des Gorkhali-Reiches, dem es später den Namen gab. Besondere Aufmerksamkeit gilt dabei den Entwicklungen nach 1990 und 2001, von der zweiten Parteiendemokratie und den Anfängen des maoistischen »Volkskrieges« über Palastmassaker und *Royal Putsch* bis zum vorläufigen Friedensschluß. Einblicke in die fortdauernden Schwächen der Verwaltung, in die Bevölkerungszusammensetzung und das Wesen der Kastengesellschaft vertiefen das Bild vom Staat. Das **dritte Kapitel** gibt einen Überblick über Sitten, Kulturgeschichte und die materielle Kultur der Nepaler und fragt danach, was es mit ihrer berühmten religiösen Toleranz auf sich hat. Das **vierte Kapitel** schließlich stellt die bisherige Entwicklung in Wirtschaftssektoren wie Landnutzung, Energie, Infrastruktur und Tourismus dar und versucht einen Ausblick in die Zukunft. Diese erzählende Übersicht wird ergänzt durch die Daten und Karten in **Anhang und Umschlag**.

Das Bild von Nepal, das hier entsteht, so grobkörnig es auch ist, zeigt ein Land von ungewöhnlicher Vielfalt: ein sehr kleinräumig gegliedertes Land, in dem viele große Strömungen zusammentreffen. Es zeigt ein sehr reizvolles Land – mit vielen Kehrseiten. Pauschalurteile treffen hier noch weniger zu als anderswo. Den Wunsch, Nepal zu verstehen, kann dieses kleine Buch daher nur zum Teil befriedigen. Aber es macht einen Anfang.

1

Zwischen Monsunwald
und Bergwüste

Die vier Naturräume

Nepal liegt in der Region Südasien, zwischen Tibet (China) und Indien, an der südlichen Abdachung des Himalaya-Gebirges. Die Landesfläche beträgt 147 181 Quadratkilometer und entspricht damit 42 Prozent der Fläche Deutschlands. Erdgeschichtlich entstand der Himalaya vor etwa 20 Millionen Jahren dadurch, daß Indien, ein Bruchstück des alten Gondwanalandes, über das Tethysmeer nach Norden driftete und dessen Sedimente vor dem alten eurasischen Kontinent aufwölbte. Noch heute kann man im nördlichen Nepal, in 4 000 Meter Höhe, an der Nahtstelle dieser Kontinente marine Fossilien finden. Der aufgefaltete Himalaya wurde sogleich einer beträchtlichen Abtragung ausgesetzt, und große Flüsse, deren Ursprung nördlich des Gebirges liegt, durchbrachen es im Lauf der Zeit. So entstanden eindrucksvolle Traverstäler. Der Erosionsprozeß ist bis heute nicht abgeschlossen. Er wird vielmehr, wie Geologen voraussagen, »über Hunderttausende von Jahren weitergehen, bis schließlich aus dem grandiosen Gebirge eine flache Ebene geworden ist«.[1] Dieser Prozeß, dessen Dauer auf erdgeschichtliche Zeiträume angelegt ist, kann fortlaufend beobachtet werden: Bodenabtragung, Erdrutsche und damit im Zusammenhang auftretende Überschwemmungen und Sedimentationen formen nicht nur das Gelände. Sie können in dem relativ dicht bevölkerten Land auch zu örtlichen Katastrophen führen und sind ein wesentlicher Faktor in der Beurteilung aller Entwicklungsaussichten.

Nepal reicht von der Flußebene der Ganga (Ganges), die Nordindien bildet, bis hinauf auf den höchsten Gipfel unserer Erde, den Sagarmatha (Mount Everest), also von etwa 60 bis 8 850 Meter über dem Meer, gemäß der Messung von 1999. Dabei liegen 64 Prozent des nepalischen Staatsgebietes in über 1 000 Metern Höhe, mehr als 28 Prozent sogar höher als 3 000 Meter. Die vielen Bergzüge, Taleinschnitte, Ebenen und Plateaus bilden zahlreiche räumlich isolierte Einheiten mit klimatischen, hydrologischen und anderen Eigenarten, so daß man hier mehr als anderswo von einer ausgeprägten **Kammerung** mit erheblichen wirtschaftlichen und sozialen Konsequenzen sprechen kann.

Das Land, das sich über 800 Kilometer von Nordwesten nach Südosten hinzieht, ist im Schnitt 200 Kilometer breit und wird vertikal in einige deutlich unterscheidbare **Naturräume** gegliedert.[2] Zur besseren Unterscheidung zwischen dem ganzjährig schneegekrönten Hochgebirge (*himal, mountains*) und den vorgelagerten Höhenzügen werden letztere, obgleich sie Höhen bis über 4 000 Meter erreichen, oft als Hügel (*pahad, hills*) bezeichnet. Das vorliegende Buch verwendet das Wort »Mittelgebirge«.

Im Süden, entlang der indischen Grenze, erstreckt sich ein Tiefland, zwischen 16 und 51 Kilometer breit, das im Osten 60 Meter, im Westen aber bereits 280 Meter über dem Meer liegt. Diese Ebene, **Tarai** genannt, war lange Zeit mit dichtem Dschungel bedeckt, nur spärlich besiedelt und wegen der vorherrschenden Malaria gefürchtet; hierauf bezog sich auch der lange gebräuchliche Begriff von der »Fieberhölle Nepals«.[3] Tatsächlich aber war das Tarai ein Schutzstreifen, hinter dem sich die Menschen, die aus verschiedenen Gründen in die Berge (»Hügel«) des Himalayavorlandes geflüchtet waren, ziemlich sicher fühlten.

Mit der erfolgreichen Bekämpfung der Malaria in den 1950er Jahren entwickelte sich das Tarai zu einem reizvollen Siedlungsgebiet. In dem Maße, in dem die wachsende Bevölkerung des Mittelgebirges an die Tragfähigkeitsgrenzen ihrer Böden stieß, wurde das Tarai zur Landreserve und Kornkammer Nepals. Hier konnten die Defizite in der Nahrungserzeugung ausgeglichen und sogar Exportüberschüsse erwirtschaftet werden.

In den letzten Jahrzehnten wurden nicht nur zahlreiche organisierte Ansiedlungsprojekte mit staatlicher und fremder Hilfe durchgeführt; die Rodung der Dschungelflächen ging auch durchaus anarchisch vor sich und führte zu einer Zerstörung der letzten wertvollen Wirtschaftswälder des Landes, wobei vielfach das Holz illegal nach Indien transportiert wurde. Die gebietsweise fruchtbaren Alluvialböden des Tarai sind vor allem im Norden weitgehend von Geröll und geologischem Schutt überlagert und keineswegs überall zum Landbau geeignet.

Entlang der indischen Grenze entstanden die wenigen Städte, die Nepal außerhalb der Täler von Kathmandu und Pokhara besitzt. Sie gewannen vor allem in Bezug auf die Endstationen der indischen Eisenbahnen (*railheads*), als Orte des Imports und Exports und schließlich auch als Standorte der ersten Industrien des Landes eine gewisse Bedeutung. Dabei stützten sie sich neben den Agrarerzeugnissen des Tarai vor allem auf Roh- und Halberzeugnisse aus Indien. Außer Zucker-, Streichholz- und Zigarettenfabriken entstanden hier kleine Walzwerke und andere Industrien, die sich aber in vielen Fällen nicht lange gegen die indische Konkurrenz behaupten konnten.

Physiographisch wird das Tarai vor allem durch die zum Teil mächtigen Flüsse aus dem Himalaya gegliedert, die es von Nord nach Süd durchlaufen. Diese haben bis in die Gegenwart hinein den Straßen- und Brückenbau enorm erschwert. Sie liefern nicht nur das für den Reisanbau erforderliche Wasser, sondern sind eine alljährlich mit den Monsunregen wiedererstehende Gefahrenquelle. Wassermassen in breiten, häufig wechselnden, flachen, kiesgefüllten Flußbetten können Felder fortreißen oder mit sterilem Sediment überlagern und bedrohen ganze Dörfer.

Die Bevölkerung des Tarai, die 1961 noch 3,4 Millionen oder 36,4 Prozent der Gesamtbevölkerung betrug, beläuft sich heute auf 11,2 Millionen oder 48,4 Prozent. Dieser Zuwachs liegt hauptsächlich an einer massiven Zuwanderung, sowohl aus den Bergen als auch aus dem Ausland, denn auch landlose Inder, die sich frei über die Grenze bewegen können, sehen in den neugerodeten Flächen eine Chance für sich.

Nördlich an das (eigentliche) Tarai schließt sich eine nur wenige Kilometer breite, kaum besiedelte Hügelzone an, die als **Chure-Hügel oder Siwaliks** bezeichnet wird. Sie erstreckt sich mit wenigen Unterbrechungen über die ganze Länge des Landes und

1 Nepals Landschaften vereinen große Vielfalt auf kleinem Raum. Nur einige Dutzend Kilometer trennen die monsuntropischen Ebenen des Tarai-Tief- landes von den ständig schneebedeckten Hochgebirgsgipfeln (*himal*). Die reliefbedingte starke Kammerung insbesondere des Mittelgebirges (*pahad*) schafft ein klimatisches, wirtschaftliches und ethnisches Mosaik. Das Bild zeigt einen Nordblick über das Mittelgebirge nordöstlich von Kathmandu. In der winterlichen Morgensonne steigen Wolken vom Talgrund auf. Im Hintergrund ist das Langtang-Gebirge zu sehen.

erreicht an einigen Stellen mehr als 1500 Meter Höhe. Nach Süden hin fällt dieser Höhenzug ziemlich steil ab. Er besteht aus einem Gemisch aus hartem und weichem Gestein, das sehr erosionsanfällig ist und von den breiten Kiesbetten der Flüsse durchbrochen wird. Bis in die Gegenwart hinein wurden die Chure-Wälder als schützende Bodendecke erhalten, zumal die Böden ohne jeden agrarischen Nutzwert sind. Neuerdings sind aber auch sie vor den

Holzfällern nicht sicher, da den Sägemühlen der Rohstoff auszugehen droht. Damit erwächst dem Tarai eine weitere Bedrohung durch die erhöhte Sedimentfracht der Flüsse.

Nördlich von und parallel zu den Chure-Hügeln erstreckt sich ein zweiter Höhenzug ebenfalls über die ganze Länge des Landes, die Mahabharat-Kette. Gelegentlich verlaufen beide in so großem Abstand voneinander, daß intramontane Ebenen entstehen, die als **Inneres Tarai** bezeichnet werden, aber ihren eigenen Charakter haben. Beispiele dafür sind etwa das Tal von Dang, das aus einer geneigten Sedimentfläche in fast 500 Metern Höhe besteht und enormer Gullyerosion ausgesetzt ist; ferner der Chitwan-Distrikt oder das (östliche) Rapti-Tal auf durchschnittlich 275 Meter Höhe, das von Dschungeln und Elefantengras bedeckt war und noch immer der Lebensraum wilder Tiere wie Tiger, Nashorn und Elefant ist, obwohl weite Teile inzwischen systematisch besiedelt wurden; schließlich die weiter im Osten liegenden Täler in den Distrikten Sindhuli und Udaypur, 300 bis 750 Meter über dem Meer, die enger und steiler, aber auch viel dichter besiedelt sind als Dang oder Chitwan.

Mit der **Mahabharat-Kette** betreten wir die alten nepalischen Siedlungsgebiete. Sie war nach den Fiebersümpfen des Tarai und den unwirtlichen Böden der Chure-Hügel gesundes Hochland, ein Schutzwall und gleichzeitig, wenn auch fast nur an Steilhängen, besiedelbares und kultivierbares Land. Diese Bergkette besteht aus kristallinem Gestein im Zustand gleichmäßiger natürlicher Verwitterung und Erosion, in das steile Flußtäler eingegraben sind. Diese liegen 200 bis 400 Meter über dem Meer, während sich die Gipfel auf 2000 bis 3000 Meter erheben. Die Besiedlungsdichte ist ungleichmäßig, doch hat der Bevölkerungsdruck in den letzten Jahrzehnten deutlich zugenommen. Überall, wo viele Menschen auf die Flächeneinheit kommen – wie beispielsweise westlich des Narayani-Durchbruchs und östlich von Kathmandu –, machte sich dies bis in die 1990er Jahre hinein durch einen hohen Grad von Entwaldung deutlich. Inzwischen wirken viele ehemals nackte Hügel wieder grün. Aus der Nähe läßt sich beobachten, daß große Waldflächen fast nur aus Jungholz bestehen.

Zwischen der Mahabharat-Kette und dem eigentlichen himalayischen Hochgebirge liegt das nepalische **Mittelgebirge**. Es bedeckt einen beträchtlichen Teil der Staatsfläche und ist die Heimat

vieler Nepaler. Hier liegen auch die Täler von Kathmandu und Pokhara. Im Gegensatz zum eindeutigen Kettencharakter der Mahabharat-Berge, die eine in Ost–West-Richtung verlaufende Barriere
bilden und den von Norden kommenden Flüssen nur widerwil-
lig den Durchbruch gestatten, besteht das Mittelgebirge überwiegend aus Ausläufern der Himalaya-Hauptkette, die generell in
Nord–Süd-Richtung verlaufen und denen die Flüsse in gleicher
Richtung folgen. Von den Hauptgraten strahlen zahllose Abzwei-
gungen und Sporne in alle möglichen Richtungen aus, so daß die
Kammerung Nepals hier besonders deutlich wird. In Zentralne-
pal (um Kathmandu) bleiben die Gipfel des Mittelgebirges unter
2 500 Metern, im Osten und Westen werden allerdings Höhen zwischen 4 000 und 4 700 Metern erreicht.

Dieses nepalische Mittelgebirge, das sich in einer Breite von 50
bis 100 Kilometern von der Ost- zur Westgrenze hinzieht, ist dicht
besiedelt und mithin sehr anfällig für Bodenabtragung und Erdrutsche. Ein Flug über diese Zone ist sehr eindrucksvoll und gibt eine
Vorstellung davon, daß, wie oben erwähnt, der Abflachungsprozeß
des Gebirges in vollem Gange ist. Dennoch gab diese Zone in den
1960er Jahren nahezu zwei Dritteln der Bevölkerung Lebensraum
und Nahrung, wenn inzwischen auch eine deutliche Abwanderung
zu beobachten ist und nur noch gut die Hälfte der Bevölkerung hier
lebt. Die Landnutzung erfolgt naturnotwendig an oft steilen Hängen, die seit vielen Generationen terrassiert werden, und in den
schmalen Flußtälern. Reichliche Niederschläge und mildes Klima
haben das Mittelgebirge zu einem bevorzugten Siedlungsgebiet gemacht. Die heutige Abwanderung hat ihren Grund vorwiegend
in nackter Not als Folge von Übervölkerung und schwindenden
Bodenreserven.

Ziemlich steil und unmittelbar erhebt sich aus dem Mittelgebirge
nach Norden hin die **Himalaya-Hauptkette** (*himal*), deren Gipfel
ewigen Schnee und Gletscher tragen und die mithin zum Quellgebiet zahlreicher Flüsse gehört. Hier finden wir acht der zehn höchsten Gipfel der Erde, darunter der Sagarmatha (Mount Everest)
mit 8 850 Metern.[4] Die Himalaya-Kette bildet die Klimascheide
zwischen Monsun-Nepal und dem tibetischen Trockenland. Der
Nordhang ist weniger geneigt als die Südabdachung, wo beispielsweise das 8 090 Meter hohe Annapurna-Massiv nur 42 Kilometer
von dem auf 833 Metern liegenden Tal von Pokhara entfernt ist.

Wir haben es hier also mit einem Anstieg von 175 Metern je Kilometer Horizontaldistanz zu tun.

Die Himalaya-Hauptkette wird durch einige bedeutende **Traverstäler** durchbrochen, durch welche die Flüsse, die in Tibet oder im Tibetischen Randgebirge entspringen, nach Süden fließen (*siehe Landkarte hinten im Umschlag*). Das eindrucksvollste Quertal ist das des Kali-Gandaki-Flusses zwischen den Gipfeln von Annapurna und Dhaulagiri. Seine Flanken steigen mit über 500 Metern je Kilometer Horizontaldistanz an, weshalb es gern als die tiefste Schlucht der Erde bezeichnet wird.[5] Ähnliche Verhältnisse finden wir im Tal des Arun im östlichen Nepal. Buri-Gandaki und Karnali hingegen durchbrechen die Hauptkette in mehr oder weniger breiten Senken.

Im östlichen Nepal markiert der Kamm der Hauptkette praktisch die Grenze zu Tibet. Westlich des Annapurna-Massivs verläuft dieser Kamm zwischen Dhaulagiri, Kanjirowa und Api indessen 50 bis 60 Kilometer südlich der Nordgrenze.

Als Siedlungs- und Wirtschaftsgebiet spielt das Hochgebirge naturgemäß nur eine bescheidene Rolle. Am Südhang liegt die Grenze der Dauersiedlungen in der Regel nicht über 2500 Metern. Oberhalb davon findet sich schwer zugänglicher und daher oft noch unberührter Hochwald, der bis maximal 4000 Meter hinaufreicht, und darüber ziehen sich Wildweiden bis zur Schneegrenze hin. Diese liegt, je nach den örtlichen Verhältnissen, zwischen 5200 und 5800 Meter. Es gibt aber auch ausgesprochene Hochsiedlungsgebiete im sogenannten Inneren Himalaya und Sommersiedlungen, etwa in der Gegend des Mount Everest, am Nordhang des Annapurna-Massivs, im Distrikt Dolpo und im äußersten Nordwesten des Landes, wo die Siedlungsgrenze gelegentlich bei 4400 Metern liegt.[6]

Durch den Umstand, daß die Himalaya-Hauptkette im Westen des Landes zum Teil südlich der nepalisch-tibetischen Grenze verläuft, gibt es eine Landschaftsform innerhalb Nepals, die von ihrer ganzen Physiognomie her eher zu Tibet als zu Nepal zu rechnen wäre: die **Nordhimalayische Trockenzone**. Sie erstreckt sich über rund 400 Kilometer von Ganesh-Himal und Manaslu über die Gebiete nördlich von Annapurna, Dhaulagiri und Kanjirowa bis in die nordwestliche Ecke des Landes, liegt im Regenschatten des Gebirges und trägt streckenweise arktisch-wüstenhaften Charakter.

Besonders trocken ist das Klima im nördlichen Teil des Distrikts Mustang, aber auch in Dolpo, Jumla und Humla, wenn man die dortigen Niederschläge mit denen des Mittelgebirges vergleicht. Die Trockenzone ist sehr dünn besiedelt, denn die karge Landschaft liefert nur eine spärliche Wildweide. Die Weidewirtschaft ist traditionell grenzüberschreitend. Nur in den Flußoasen wird auch der Boden bestellt.

In der Nordhimalayischen Trockenzone wird die Grenze zu China durch das **Tibetische Randgebirge** gebildet, das gleichzeitig die Wasserscheide zwischen dem Tsangpo/Brahmaputra im Norden und der Ganga im Süden bildet. Dieses sehr alte Gebirge, das der eurasischen Platte angehört und mithin viel älter als der schroffe Himalaya ist, wirkt entsprechend geschliffen und abgerundet. Seine Gipfel erreichen keine 7 000 Meter mehr. Es ist kaum bewohnt, wird lediglich als Wildweide genutzt und von einigen alten Handelsrouten überquert.

Man wird kaum ein anderes Land finden, das auf einer Horizontaldistanz von wenig mehr als 200 Kilometern nahezu alle Landschaftsformen vom monsuntropischen Dschungel und Bergwald über die Hochgebirgstundra bis zu Schneegipfeln und Gebirgswüsten aufweist. Neben dem Formenwandel entlang des Höhengradienten in Nord–Süd-Richtung gibt es aber auch einen Formenwandel von West nach Ost – vor allem, weil sich Nepal nicht west-östlich, sondern nordwestlich-südöstlich erstreckt. Deshalb liegt die Südostspitze des Landes nicht weniger als 450 Kilometer weiter südlich als seine Nordwestspitze, obwohl das Land nur 170 bis 200 Kilometer breit ist. So wird häufig bestaunt, daß Reisanbau-, Wald- und Siedlungsgrenzen viel höher liegen, als wir es in Europa gewohnt sind. Dabei übersieht man, daß Nepal zwischen 30° 30′ Nord und 26° 15′ Nord liegt und seine geographische Breite mithin der von Libyen entspricht, und daß beispielsweise New Delhi mehr als 50 Kilometer weiter nördlich als der Mount Everest liegt.

Die Gewalt der Flüsse

Neben der ausgeprägten montanen Topographie beeindruckt in Nepal vor allem die Gewalt seiner Flüsse. Namentlich in der Zeit

2 Viele Orte des Tarai und der Täler sind in der Regenzeit von Überschwemmungen bedroht. Ein erhöhter Zufluß aus schmelzenden Gletschern, degra-
dierte Bergwälder, Flußverbau in Nepal und der Rückstau der indischen Deiche
haben das Ausmaß der Hochwässer in den letzten Jahrzehnten verschlimmert.

der Monsunregen und der Schneeschmelze vergeht kaum ein Tag,
an dem die Medien nicht über Katastrophen in Gestalt von Überschwemmungen im Tarai und Erdrutschen im Mittelgebirge berichten, denen Menschen, Pflanzungen und ganze Dörfer samt der
Infrastruktur zum Opfer fallen. Die hydrologischen Gegebenheiten
lassen demnach wichtige Rückschlüsse auf das Entwicklungspoten-
tial des Landes zu, wobei der Zusammenhang mit Klima und Bo-
denbeschaffenheit besonders deutlich wird.

Bestimmend ist dabei Nepals Lage an der Südflanke des Himalaya. Das Gebirge ist den allsommerlichen Monsunregen in voller
Breite ausgesetzt und trägt in seinen extremen Höhen Wasserre-
serven in Form von Schnee und Eis. Das Abflußregime wird durch
das steile Relief und den Degradierungsgrad der Pflanzendecke bestimmt. Bemerkenswert ist schließlich, daß zahlreiche und bedeutende Flüsse wie der Arun im Osten und die Karnali im Westen
ihr Quellgebiet nördlich der Himalaya-Hauptkette in Tibet haben,
diese also keine durchgehende Wasserscheide ist.

Alle Flüsse Nepals sind **Nebenflüsse der Ganga,** und drei der
Flußsysteme entwässern allein drei Viertel des Staatsgebietes: die
Karnali den Westen, die Gandaki das Zentrum und die Kosi den

Osten des Landes. Neben diesen großen Einzugsgebieten, die in die Schnee- und Gletscherreserven reichen, besitzt das Land weitere Flüsse, die aus dem zentralen Mittelgebirge kommen und allein auf Regen- und Quellwasser angewiesen sind. Dazu gehören die Grenzflüsse Mahakali und Mechi, aber auch die Bagmati, die an den Hängen des Kathmandu-Tals entspringt. Zu einer dritten Kategorie gehören die Tarai-Flüsse. Sie entspringen an den Südhängen der Mahabharat- und Chure-Höhenzüge, wie etwa die Babai-Nadi im westlichen, der Tinao-Khola im zentralen und der Kamla-Khola im östlichen Tarai. Sie haben zwar für die Bewässerung der Ebene entscheidende Bedeutung, sind aber fast gänzlich auf Regenfälle angewiesen. Daher schwankt ihre Wasserführung sehr stark, und manche fallen sogar periodisch trocken. Insgesamt wird der jährliche Abfluß über die Gewässer Nepals auf 200 Milliarden Kubikmeter geschätzt.

Daß die **Wasserführung** generell von den Niederschlägen bestimmt wird, liegt auf der Hand. Mit dem Beginn der Regenzeit Mitte Juni nimmt auch der Abfluß der Gewässer zu und erreicht im Juli oder August sein Maximum, ehe er zwischen September und November, je nach dem Ausklingen des Regens, wieder zurückgeht. Je mehr ein Fluß auf Quell- und Regenwasser angewiesen ist, um so extremer liegen Maximal- und Minimalabflußwerte auseinander. So liefert die Karnali bei ihrem Austritt aus dem Mittelgebirge ein Maximum von 11 000 und ein Minimum von 236 Kubikmetern je Sekunde, was einem Verhältnis von 1:47 entspricht. Die entsprechende Relation des Tinao-Khola, eines Taraiflusses, der in den Mahabharat-Bergen entspringt, ist 1:1820. Diese Beispiele zeigen, daß während der Hochwässer, die mit einer etwa einmonatigen Verspätung auf die Zeit der höchsten Regenfälle folgen, auch aus Rinnsalen gefährliche Wildwasser werden können, die Brücken davonreißen, Uferkulturen überschwemmen und Verkehrsverbindungen oft wochenlang unterbrechen. Besonders im Tarai, wo sich die Flüsse rasch ausbreiten und ihr Geschiebe ablagern, wird alljährlich die Vernichtung von Kulturflächen und Dörfern registriert. Die Sedimentführung praktisch aller nepalischen Flüsse macht den Bau von Wehren, Brücken und Dämmen zu einem technischen Problem. Bei Hochwasser können diese Bauwerke durch das mitgeführte Geröll zerschlagen werden. Staubecken füllen sich innerhalb weniger Jahre mit Sediment. Die Sand- und Geröllmenge, die beispielsweise das Kosi-Flußsystem beim Austritt aus dem Mittelgebirge mit sich führt, wurde in den 1970ern mit einem jährlichen Mittel von 118 Millionen Kubikmetern angegeben. Die deutliche Verlagerung der breiten, kiesgefüllten Flußbetten im Tarai während der letzten hundert Jahre erklärt sich vor allem aus der Geschiebeführung und spricht eine beredte Sprache.

Das **hydrologische Potential** Nepals, das rein rechnerisch auf eine Leistung von mehr als 80 000 Megawatt und auf eine fast unbegrenzte Bewässerungsfläche kommt, muß deshalb mit Vorsicht zur Kenntnis genommen werden. Das Vorhandensein enormer Wassermengen und Kräfte ist *eine* Sache, ihre Zähmung und Nutzung eine andere.

Auch im Himalaya machen sich die Auswirkungen des globalen Klimawandels durch ein **Schrumpfen der Gletscher** bemerkbar. In Nepal steigt die Jahresdurchschnittstemperatur um 0,06 Grad Celsius jährlich, und die Himalaya-Gletscher schreiten um zehn bis 15 Meter im Jahr zurück. Als direkte Folge davon nimmt das Volumen der Hochwässer gegenwärtig zu. Später, wenn die Gletscher zum Großteil verschwunden sind, werden die Flüsse aber weniger Wasser führen als bisher, was eine Energie- und Trinkwasserknappheit auslösen wird.[7]

Klimatische Kontraste

Auch das Klima Nepals wird entscheidend von seinem Relief bestimmt. Der Himalaya, eine der bedeutendsten Klimascheiden unserer Erde, beeinflußt die Windbewegungen, Niederschläge und Temperaturen. Die Windverhältnisse des Landes durchlaufen einen **jährlichen Zyklus**, der in engem Zusammenhang mit den Temperaturen und den Regenfällen steht. Nach einem relativ ruhigen Frühjahr bricht im Frühsommer ein aus dem westlichen Indien wehender heißer und trockener Wind ein, der die Temperaturen im Tarai abrupt ansteigen läßt. Er wird durch den extrem feuchten Sommermonsun abgelöst, der aus dem Golf von Bengalen weht und dessen Intensität dementsprechend von Ost nach West abnimmt. Dieser Wind herrscht bis September oder auch länger vor. Während des Winters wehen gelegentlich sehr kalte Winde aus Zentralasien über dem Himalaya und führen zu plötzlichen Temperaturstürzen und Schneefall in den Bergen. Regelmäßig weht in dieser Zeit der trockene, kalte Wintermonsun aus dem Nordwesten. Die eigentlichen Winterregen werden von spätwinterlichen Zyklonen ausgelöst, die von Westen heranziehen und nach Osten an Kraft verlieren. Die Bodengestalt und die Lage Nepals erklären, warum es zahlreiche örtliche, oft an Tageszeiten gebundene Winde gibt, wie man sie etwa in der Schlucht der Kali Gandaki beobachten kann.

Eng verknüpft mit diesen Winden sind die **Niederschläge**. Die größten Niederschlagsmengen fallen in der sommerlichen Regenzeit, die Mitte Juni beginnt und gegen Ende September oder im Oktober ausläuft. Der Sommermonsun, eine der eindrucksvollsten Windbewegungen der Erde, entsteht durch die ungleichmäßige Erwärmung von Meer (Indischer Ozean) und Land (kontinentales Asien). Er führt beträchtliche Massen feuchter Meeresluft nach Norden, bis sie der Himalaya zum Aufsteigen und Abregnen zwingt. Hinter der Hauptkette kommt es dann durch den Föhneffekt zu heißen Fallwinden und einer Austrocknung des Landes. Daher fallen in Nepal an der Südflanke des Himalaya 80 bis 90 Prozent der Jahresniederschläge während des genannten Zeitraums. Die Monsunregen setzen zunächst in Ostnepal ein und schreiten dann nach Westen fort. Langjährige Jahresmittel wurden in Num vor der östlichen Himalaya-Hauptkette (4 783 Millimetern) und in Pokhara vor dem Annapurna-Massiv (3 848 Millimeter) gemessen. Dem stehen im Tarai Jahresniederschlagsmengen zwischen 900 und 1 700 Millimetern gegenüber. Generell kann man sagen, daß die Regenfälle in Nepal mit der Höhe der Meßstationen zunehmen und erst in extremen Höhen wieder zurückgehen, da die Monsun-Wolkengrenze bei 4 200 Metern über dem Meer vermutet wird.

Die starke Kammerung des Landes macht aber eine solche Aussage problematisch. Der Umstand, daß ein Tal oder eine Bergflanke entweder den Monsunwinden ausgesetzt ist oder aber im Wind- und Regenschatten liegt, erklärt, warum es nicht nur jenseits der Himalaya-Hauptkette, sondern auch hinter der Mahabharat-Kette und den zahlreichen Höhenzügen des Mittelgebirges **begrenzte Trockenlandschaften** geben kann. Besonders eindrucksvoll ist natürlich der Unterschied zwischen dem regenreichen Pokhara mit fast 4 000 Millimetern und dem nur 70 Kilometer entfernten Jomsom mit nur 248 Millimetern Jahresniederschlag

3 Die natürliche Vegetation der tropischen Zone (bis 1 000 Meter Höhe) sind jahreszeitlich feuchte Monsunwälder mit Baumarten wie Sal, Wollbaum und Katechu-Akazie. Den Landwirten ermöglicht das feucht-warme Klima des Tieflandes drei bis vier Ernten im Jahr.

– allerdings erhebt sich zwischen beiden Orten das über 8 000 Meter hohe Annapurna-Massiv (*siehe Karte hinten im Umschlag*).

Die **Temperaturen** und ihr Verlauf stehen in engem Zusammenhang mit verschiedenen geographischen Daten: die Höhe über dem Meer, Sonneneinstrahlung und Bewölkung, Niederschläge, heiße und kalte Winde usw. Ihr Maximum erreichen die Temperaturen zwischen Mai und Juni, während sie im Januar und Februar ihren Tiefpunkt durchlaufen. Im Tarai liegt das Jahresmittel im Schnitt bei 25 Grad Celsius, während Extremwerte bei 44 Grad und um den Gefrierpunkt auftreten. In der Mahabharat-Kette bewegen sich die Jahresmittel zwischen 15 und 18 Grad Celsius, mit Extremen um 35 Grad und den Gefrierpunkt. Im Mittelgebirge erreichen die Mittelwerte des wärmsten Monats 20 bis 29 Grad, mit Extremwerten von 37 Grad, die Mittelwerte des kältesten Monats neun bis 13 Grad, mit einem Extremwert von −4 Grad. Im Hochgebirge liegen die Jahresmittel nur noch bei 7,5 Grad Celsius, während Extremwerte von bis zu 20,6 Grad bzw. −9,6 Grad erreicht werden können.

4 Im trocken-kühlen Hochland im Regenschatten nördlich der Himalaya-Kette ist nur eine Ernte pro Jahr und auch diese nur mittels Bewässerung möglich. Weidewirtschaft mit Ziegen, Schafen und Yaks liefert Tierprodukte. Im Winter verdingen sich viele Bewohner in den Städten Nepals und Indiens.

Das Absinken der mittleren Jahrestemperatur mit steigender Höhe ist augenfällig und entspricht etwa 0,5 Grad je 100 Meter Höhendifferenz. Die nur für wenige Meßstationen veröffentlichten Daten gestatten es nicht, ein umfassenderes Bild der Temperaturen und Temperaturverläufe zu zeichnen. Außerdem schwanken durch die extreme Kammerung des Landes auch hier die Verhältnisse von Ort zu Ort beträchtlich. Im Tal von Kathmandu – um ein Beispiel zu geben – liegen die Monatsmittel im Januar bei etwa 9, im Juli bei etwa 24 Grad. In den letzten Jahren wurden Extremtemperaturen von 34 Grad im Juni und von –2 Grad Celsius im Dezember und Januar gemessen.

Instabile Böden

Die natürliche Pflanzendecke – und damit auch das Gedeihen der Kulturpflanzen – hängt neben den klimatischen Verhältnissen von den Böden ab. Diese bilden sich aus dem vorhandenen Muttergestein durch physikalische und chemische Verwitterung. Der aus alten sedimentären Kalken, Granit und Gneis aufgebaute Himalaya wird in seinen höchsten Lagen vor allem durch extreme Temperaturunterschiede physikalisch verändert, während chemische Prozesse praktisch fehlen. Daher ist die Bodenbildung in größeren Höhen dürftig. Am ehesten noch finden wir Alm- oder Tundraböden, die von ausgedehnten alpinen Wildweiden bedeckt sind. In den Lagen des Mittelgebirges, wo Temperaturschwankungen, Niederschläge und relative Luftfeuchte ausgeprägter sind, tritt neben die physikalische auch die chemische Verwitterung, die je nach dem Muttergestein zu lateritischen, sandigen oder kalkigen Böden führt.

Lange hat es an einer Klassifizierung und einer systematischen Information über die Böden Nepals gefehlt. Erst das *Land Resource Mapping Project* von 1986 führte eine landesweite Erhebung durch, die zu 14 Bodengruppen bei vier Bodenordnungen, nämlich Entisolen, Inceptisolen, Mollisolen und Alfisolen, führte (entsprechend der FAO-Bodenklassifikation).[8]

Verwitterungsböden auf den Hängen und Kämmen des Mittelgebirges sind außerhalb der künstlichen Terrassen von geringer Tiefe und je nach Nährstoffgehalt und Klima mehr oder weniger produktiv. Saure, braune Podsole kommen in größeren Höhen vor, während an den unteren Hängen, auf den natürlichen Terrassen und den schmalen Flußauen (*tar*) Roterden geringer Fruchtbarkeit auftreten (z. B. Ferralsole). Wo immer Kalkstein vorherrscht, hat die Auslaugung des Materials zur Bildung gut entwickelter Böden geführt.

In der Mahabharat-Kette, wo im Gegensatz zur Kalksteinzone Granit und Quarzit überwiegen, ist die Bildung guter Böden begrenzt. Das wird besonders deutlich, wenn man in die Chure-Hügel weiter im Süden geht, wo Sandstein, Tonschiefer und Lagen von Kiesen und Geröllen vorherrschen, die darüber hinaus noch durch beträchtliche Niederschläge ausgewaschen werden. Hier sind die Böden jung, grob und haben einen hohen Geschiebegehalt (Inceptisole). Ihre Fruchtbarkeit ist gering.

Das gilt auch für die sich nach Süden anschließende Bhabar-Zone, einen etwa zwölf Kilometer breiten, hängigen Waldgürtel auf Kies- und Geröllhorizonten, wo die aus dem Gebirge ins Tarai austretenden Flüsse beträchtliche Geschiebemengen ablagern. Hier haben sich nur dünne, humusreiche, saure und wasserdurchlässige Böden (Ustochrepts) gebildet, die zwar einen günstigen Standort für Gehölze bieten, für die Landwirtschaft jedoch ungeeignet sind.

Im mittleren und südlichen Tarai haben wir es mit den ausgedehntesten **Alluvialebenen** Nepals zu tun. Doch wenn der Oberboden im mittleren Tarai auch zwei bis drei Meter mächtig ist, so besteht er doch überwiegend aus Sand, Kies und Ton, ist grau und porös und enthält wenig organisches Material (Dystrochrepts, Haplaquents). Über weite Strecken ist er sumpfig und entwickelt toxische Eigenschaften. Zur indischen Grenze hin bestehen die Ablagerungen vor allem aus Schluff und Ton. Der Boden ist alkalisch und hochproduktiv, doch kommt es wegen übermäßiger Bewässerung gelegentlich zu Wasserstau, so daß man in den Sommermonaten stellenweise Nitratausblühungen sehen kann.

Einen besonderen Charakter haben die wenigen großen **tektonischen Täler und Becken**, allen voran das Kathmandu-Tal, das während dem Pliozän und frühen Pleistozän entstand und sich mit fruchtbaren Böden aus späten quartären Sedimenten füllte. Das Tal ist mit drei Millionen Jahre alten fluvialen und lacustrinen Sedimenten gefüllt, die teilweise aus den umliegenden Bergen angeschwemmt wurden. Darauf haben sich ziemlich junge, fruchtbare Böden entwickelt, die allerdings von einem Kranz aus Kies und Geröll umgeben sind. Aus der Tiefe fördert man einen dunklen Schluffton (*kalimati*), der reich an Humus und Kalisalzen ist und dem Boden als Dünger beigegeben wird. Andere tektonische Täler, vor allen die von Pokhara, Dang und Surkhet, haben überwiegend sandige, mit Geröll durchsetzte Böden von geringer Fruchtbarkeit und zeigen zum Teil beträchtliche Erosionsmerkmale.

Im Ganzen betrachtet sind die Berggebiete Nepals kaum mit reichen, fruchtbaren Böden gesegnet, aber auch die ausgedehnten

Ebenen des Tarai können nur zum Teil als günstig eingestuft werden. Da die Böden wo immer möglich genutzt werden, eine Düngung aber nur in wenigen Fällen in Frage kommt, wird seit einiger Zeit ein **Rückgang der natürlichen Bodenfruchtbarkeit** festgestellt. Auch die Erosion fruchtbaren Oberbodens bleibt eine dauernde Gefahr.

Vegetation und Tierwelt

Die Vegetation Nepals ist die einer klimatischen **Übergangszone** und reicht vom monsuntropischen bis zum alpin-arktischen Typ. Darüber treffen im Himalaya Pflanzenarten aus vier verschiedenen Richtungen zusammen. Die Flora Ost- und Zentralnepals ist eng mit der Chinas und Japans verknüpft, während in Westnepal bereits die Verbindungen zur mediterranen Pflanzenwelt vorherrschen. Die zentralasiatische Flora wirkt von Tibet her auf die Nordabdachung des Himalaya ein, und die der Ganga-Ebene beeinflußt die Pflanzenwelt seiner Südhänge. Wir finden also nicht nur einen eindrucksvollen Formenwandel von den feucht-warmen Tieflagen im Süden zu den trockenen und kalten Höhen des Nordens, sondern auch von Ost nach West, wo zusätzlich unterschiedliche Klima- und Bodenverhältnisse auf den Pflanzenwuchs einwirken. So kommt zum Beispiel der Salbaum (*Shorea robusta*) in Ostnepal, wo bis zu 3 000 Millimeter Jahresniederschlag fallen, bis zu einer Höhe von über 1 200 Metern vor, während er im trockeneren Westnepal nur um die 900 Meter erreicht. Abgesehen von diesen großräumigen Klimaunterschieden gibt es zahlreiche Übergangszonen, die sich zwangsläufig aus den beträchtlichen Höhenunterschieden auf kurze Distanz ergeben. Die starke Kammerung des Reliefs führt zu eindrucksvollen floristischen Unterschieden in ein und demselben Tal – je nach Höhe, Hangneigung und Ausrichtung der Fläche, deren Pflanzenwuchs man untersucht.

Sieht man einmal von diesen kleinräumigen Differenzen ab, so kann man Nepal in fünf große Vegetationszonen (bzw. Klimazonen) gliedern, von der (monsun)tropischen Zone im Süden über die subtropische, die gemäßigte und subalpine bis in die alpine Zone im Norden. Während sich die folgende Darstellung nach der amtlichen Zonierung und damit eher den Klimatypen richtet, folgt unsere Karte (*siehe hintere Umschlaginnenseite*) deutlich strenger den Vegetationstypen.

Die **tropische Zone** umfaßt das Tarai, den Bhabar-Gürtel und das Innere Tarai. Sie ist der Standort des unteren Monsunwaldes, der bis zu einer Höhe von 1 000 Metern das Bild der Vegetation bestimmt. Unter den zahlreichen laubabwerfenden Bäumen dominiert der Salbaum, der in Gesellschaft mit vielen anderen Arten wie Orchideenbaum (*Bauhinia malabarica*), Dillenie (*Dillenia pentagyna*), Limba (*Terminalia belerica*) und Lagerströmie (*Lagerstroemia parviflora*) lebt, die durch Bambus- und Rohrarten (*Arundinaria* spp., *Bambusa* spp., *Dendrocalamus* spp.) ergänzt werden. Die Flußterrassen sind der Standort von Katechu-Akazie (*Acacia catechu*) und Sissoo (*Dalbergia sissoo*), während Seidenakazie (*Albizia julibrissin*), Wollbaum (*Bombax malabaricum*) und indischer Goldregen (*Cassia fistula*) als Galeriewälder nahe den Wasserläufen vorkommen. Die tropische Zone kennt eine Fülle von teils sehr schön blühenden Kräutern und Gestrüpparten, darunter Justizie (*Justicia adhatoda*), Butea (*Butea minor*) und die Zäsalpinie (*Caesalpinia decapetala*). An trockenen Stellen siedeln sich Kreuzdorngewächse an. Die tropische Zone Ostnepals trägt immergrünen Wald, doch werden von hier bereits gefährdete Spezies gemeldet: die Rotangpalme (*Calamus* spp.), der Schraubenbaum (*Pandanus nepalensis*), Baumfarne (*Cyathea spinulosa*), Farnpalmen (*Cycas pectinata*) und die Steineibe *Podocarpus neriifolius*.

Die **subtropische Zone** umfaßt die Höhenlagen von 1 000 bis 2 100 Meter zwischen den Chure-Hügeln und den Südhängen der Mahabharat-Kette. Im östlichen und zentralen Nepal bestimmen hier Chilaune- (*Schima wallichii*) und Scheinkastanienwälder (*Castanopsis* spp.) das Bild, die mit Erlen (*Alnus nepalensis*) und Eichen (*Quercus* spp.), Korallen- (*Erythrina arborescens*) und Walnußbäumen (*Juglans regia*), Michelien (*Michelia champaca*) und verschiedenen Rhododendronarten (z. B. *Rhododendron arboreum*) assoziiert sind. Das Teegewächs *Camellia kissi*, Kassien (*Cassia* spp.) und Hartriegel (*Cornus oblonga*) gehören zu den vorherrschenden Gestrüpp- und Unterwuchsarten. Wo immer sich Grasland ausbreitet, wachsen neben Bambusarten auch Napiergräser (*Pennisetum* spp.) und Elefantengras (*Erianthus ravennae*).

Im westlichen Nepal wird der Chilaune–Kastanien-Wald weitgehend durch Nadelwald abgelöst, in dem die langnadelige Emodi-

Kiefer (*Pinus roxburghii*) das Vegetationsbild prägt und es relativ wenig Buschwerk und Unterwuchs gibt. Gelegentlich trifft man auf Weidenalant (*Inula cappa*) und Amblabaum (*Phyllanthus emblica*), und in den feuchten Senken gedeihen Eichen (*Quercus* spp.) und Rhododendren, zu denen sich Buddleia (*Buddleia paniculata*), Steinbeere (*Gaultheria fragrantissima*) und Jasmin (*Jasminum officinale*) gesellen können.

Die **gemäßigte Vegetationszone** umfaßt die Mahabharat-Kette und das sich nach Norden anschließende Mittelgebirge bis zu einer Höhe von 3 100 Metern, wo ein kühles, feuchtes Klima herrscht. Lorbeergewächse (*Laurus nobilis* u. a.) und immergrüne Eichen bestimmen zusammen mit gemischten laubabwerfenden und Rhododendronwäldern vor allem die unteren Lagen im östlichen und zentralen Nepal. Hier finden wir Ahorn (*Acer* spp.), Birke (*Betula utilis*) und Scheinkastanie, Stechpalme (*Ilex dipyrena*) und Fieberstrauch (*Lindera pulcherrima*), die zusammen mit der Eichenart *khasru* (*Quercus semecarpifolia*) diese Pflanzengesellschaft bestimmen. In den oberen Lagen dominieren die Fallaubwälder mit Ahorn, Birke, Haselnuß (*Corylus ferox*), Magnolie (*Magnolia* spp.), Spindelbaum (*Euonymus* spp.) und Pappel (*Populus* spp.), zu denen sich die Hemlocktanne (*Tsuga dumosa*) und die Eichenart *baji* (*Quercus lamellosa*) gesellen. Den Boden decken Kräuter und Büsche wie Berberitze (*Berberis* spp.), Ramie (*Boehmeria nivea*), Seidelbast (*Daphne bholua*), Mahonie (*Mahonia napaulensis*) und Heidekrautgewächse (*Vaccinium* spp., *Pieris formosa* u. a.). Glanzgras (*Phalaris minor*) tritt dort auf, wo sich der Wald öffnet.

Im westlichen Nepal umfaßt der vorherrschende immergrüne Nadelwald die Himalayazeder (*Cedrus deodara*), verschiedene Kiefern (z. B. *Pinus roxburghii*) und Tannen (z. B. *Abies spectabilis*), Zypressen (z. B. *Cupressus torulosa*) und die Morindafichte (*Picea smithiana*). Die Bodenvegetation ist eher ärmlich, doch findet man Berberitze, Waldrebe (*Clematis montana*), Geißblatt (*Lonicera webbiana*) und den Spierstrauch (*Spiraea bella*). Der assoziierte feuchtgemäßigte Fallaubwald setzt sich neben den schon erwähnten Arten aus Ahorn, Roßkastanie (*Aesculus indica*), Walnußbaum, Maulbeerbaum (*Morus alba*) und Ulme (*Ulmus wallichiana*) zusammen, zu denen Pindrow-Tanne (*Abies pindrow*) und Hemlocktanne (*Tsuga dumosa*) treten. Hier in der gemäßigten Zone ist Nepal besonders reich an Baum- und Bodenorchideen.

Unter den subalpinen und alpinen Zonen Nepals verstehen wir die Landesteile oberhalb 3100 Metern Höhe, wo das Klima extrem kalt, trocken und windig ist. Sie umfassen das Gebiet nördlich und südlich des Himalaya-Kammes und das Tibetische Randgebirge, soweit es auf nepalischem Staatsgebiet liegt. Wie schon angedeutet wurde, ist hier das Wasser der begrenzende Faktor für den Pflanzenwuchs.

Die **subalpine Zone** reicht von 3100 Metern bis zur Baumgrenze. Diese liegt im östlichen Nepal bei 4100 Metern, im zentralen Teil bei 3800 Metern und sinkt in Westnepal auf 3650 Meter ab. In den unteren Lagen bestimmt die Himalayatanne (*Abies spectabilis*) das Bild, die im östlichen und zentralen Nepal mit Hemlocktanne, Wacholder (z.B. *Juniperus indica*), Rhododendren und Heidekrautgewächsen (z.B. *Diplarche multiflora*) assoziiert ist. Im westlichen Landesteil kommen Fichte, Eberesche (*Sorbus cuspidata*), Eibe (*Taxus baccata wallichiana*) und vor allem Eichen auf den trockenen Südhängen vor, die man weiter östlich kaum findet. Oberhalb davon erstrecken sich Birken- und Rhododendronwälder bis nahe an die Baumgrenze. Gestrüpp- und Kräuterarten, unter denen sich Waldrebe, Steinquitte (*Cotoneaster acuminatus*), Seidelbast, Geißblatt und Primeln (*Primula denticulata*) befinden, spielen in dieser Zone eine große Rolle.

Die Pflanzenwelt der **alpinen Zone** ist auf Gestrüpp und bodendeckende Gewächse beschränkt, die oberhalb der Baumgrenze überleben. Wo es hinreichend feucht ist, sind Rhododendronarten vorherrschend. Daneben gedeihen Wacholder, Geißblatt und Weiden (*Salix sikkimensis*), die oft dichte Teppiche bilden. Auch einige hübsche Blütenpflanzen kommen hier vor, wie Edelweiß (*Leontopodium himalayanum*), Anemonen (*Anemone obtusiloba*), Rittersporn (*Delphinium* spp.), Enzian (*Gentiana depressa*) und Steinbrech (*Saxifraga* spp.). Im zentralen und westlichen Mittelgebirge ist die Birke die Hauptart der alpinen Lagen. Sie ist mit Buschrhododendron, Wacholder, Geißblatt und Fingerkraut (*Potentilla* spp.) assoziiert.

Die Täler des Inneren Himalaya sind der Standort trocken-alpiner Gestrüppvegetation. Östlich vom Langtang-Tal bestimmen verschiedene Wacholderarten das Bild, die in den oberen Lagen bei zunehmender Trockenheit durch Meerträubel (*Ephedra gerardiana*), Sanddorn (*Hippophae tibetana*) und an Bachufern durch

Ufertamarisken (*Myricaria germanica*) ersetzt oder ergänzt werden. In den noch wesentlich trockeneren Tälern westlich von Langtang erreicht die Pflanzenhöhe kaum mehr als einen Meter, wobei Erbsenstrauch (*Caragana gerardina*) und Meerträubel am häufigsten vorkommen. Hier finden sich auch Weideflächen, die in der Regenzeit genutzt werden und Sumpfdotterblume (*Caltha palustris*), Storchschnabel, Fingerkraut (*Potentilla cuneata*) und Primel einen Standort bieten. In der Zone zwischen Himalaya-Hauptkette und Tibetischem Randgebirge, dem trockensten Teil Nepals, erstrecken sich alpine Steppen bis in Höhen über 4500 Meter. Hier ist die Vegetation auf Seggen (*Carex* spp.) und zwei dornige, kissenbildende Spezies – den Kurzblättrigen Erbsenstrauch (*Caragana brevifolia*) und das Dornige Geißblatt (*Lonicera spinosa*) – beschränkt.

Der Bogen spannt sich also, innerhalb von teils weniger als 200 Kilometern, von warmen, monsunfeuchten Tieflandwäldern zu einer trocken-alpinen Hochgebirgsvegetation. Da die Blütezeit vieler Pflanzenarten zwischen dem späten Frühjahr und dem Ende des Monsun liegt, empfiehlt sich für Pflanzenfreunde ein Besuch während dieser Jahreszeit.

Die **Tierwelt** Nepals zeigt eine ähnliche räumliche Struktur wie die Vegetation. Auch aus faunistischer Sicht erweist sich der Himalaya nämlich als eine Zone des Zusammentreffens von chinesisch-japanischen Elementen aus dem Osten, mediterranen aus dem Westen, paläotropischen aus der Ganga-Ebene und paläarktischen Tierarten aus Tibet. Vogel- und Schmetterlingsfreunde kommen angesichts der sehr reichen und vielfältigen Artenbestände mehr als auf ihre Kosten. Die Großsäuger und die mit ihnen zusammenlebenden Tiere lassen sich am besten nach ihrem räumlichen Vorkommen gliedern.

In den Niederungen des Tarai und den Vorbergen gibt es, soweit die entsprechenden Umweltbedingungen noch erhalten sind, zahlreiche Großtiere. Sie reichen vom **Indischen Panzernashorn** (*Rhinoceros unicornis*), Königstiger (*Panthera tigris tigris*) und wilden Elefanten (*Elephas maximus*) über Wildrinder (z.B. *Bos gaurus*), Wildschweine (*Sus scrofa*) und verschiedene Antilopen- und Hirscharten bis hin zu Languren (*Semnopithecus* spp., früher *Presbytis entellus*) und Rhesusaffen (*Macaca mulatta*). Fledermäuse und Flugfüchse (etwa *Hipposideros* und *Pteropus*) beleben den nächtlichen Dschungel auf ihre Weise, und Gangesdelphine (*Pla-

tanista gangetica), **Krokodile** und **Gaviale** (*Gavialis gangeticus*) bevölkern die großen Himalayaflüsse, nachdem diese das Mittelgebirge verlassen haben. Die Vernichtung der ursprünglichen Wälder und weiten Grasflächen zu Siedlungszwecken haben den Lebensraum dieser Tiere aber immer weiter eingeengt, und ihr Vorkommen ist heute weitgehend auf die Schutzgebiete beschränkt. Dort lassen sie sich aber oft ohne große Mühe beobachten.

Die Lage in dem dicht besiedelten und weitgehend entwaldeten Mittelgebirge ist für das Wild ähnlich schwierig. Dabei ist erstaunlich, bis zu welcher Höhe Großsäuger nicht nur gelegentlich anzutreffen sind, sondern sich auch ernähren können. Im Gebiet des Sagarmatha etwa, wo die Waldgrenze um 3 700 Meter verläuft, lebt der **Schneeleopard** (*Panthera uncia* bzw. *Uncia uncia*) meist oberhalb von 2 700 Metern und findet dort als Beute das Blauschaf (*Pseudois nayaur*), dessen Lebensraum bis auf über 5 700 Meter hinaufreicht. Goral (*Nemorhedus goral*) und Weißmähnenserau (*Capricornis sumatraensis*), zwei Steinbockarten, leben zusammen mit Bellhirsch (*Muntiacus muntjak*), Wildschwein (*Sus scrofa*), Mardern, Affen und dem **Roten Panda** (*Ailurus fulgens*), der Bambushaine bevorzugt, ebenfalls im Gebirge. Ihr Lebensraum reicht

5 Languren der Gattung *Semnopithecus* sind in Wäldern vom Tarai bis in die Berge ein häufiger Anblick. Viele andere, weniger tolerante Tierarten werden durch die Zerstörung und Zerstückelung ihres Lebensraums bedroht.

beim Moschustier (*Moschus moschiferus*) bis in Höhen von 4 300 Meter, bei der Bergziegenart Nilgiritahr (*Hemitragus jemlahicus*) bis auf 5 000 Meter und beim Tibetischen Schaf (*Ovis ammon hodgsoni*) sogar bis auf 5 300 Meter. Einige der Tiere, zum Beispiel **Yak** (*Bos grunniens*), Wolf (*Canis lupus*), Fuchs (*Vulpes vulpes*), Schaf und Pfeifhase (*Ochotona roylei*), sollen in Höhen von über 6 000 Metern, ja von über 6 500 Metern beobachtet worden sein.

Unglücklicherweise hat die Einengung des Lebensraumes, oft auch das rücksichtslose Fangen und Abschießen, einige der Arten in Nepal aussterben lassen, darunter den wilden Yak, die Hirschziegenantilope (*Antilope cervicapra*) und das Zwergschwein (*Sus salvanius*). Inzwischen wurden über 23 Tierarten unter Schutz gestellt. Zu ihnen zählen das Indische Panzernashorn, der wilde Elefant, der Rote Panda und der Nashornvogel (*Buceros bicornis*).[9]

Gegenwärtig hat Nepal Flächen von ingesamt mehr als 13 000 Quadratkilometern Größe als **Naturschutzgebiete** ausgewiesen. Dazu zählen zunächst die Nationalparke und Wildreservate, in denen noch immer die Armee dafür verantwortlich ist, Menschen fernzuhalten. Die sogenannten *conservation areas* hingegen umfassen, ähnlich wie europäische Biosphärenreservate, sowohl Wildniszonen als auch besiedelte Gebiete, und dort wird der lokalen Bevölkerung mehr und mehr Verantwortung für Schutz und Nutzung übertragen. Auf naturschützerische Erfolgsmeldungen wie die Rettung des Indischen Panzernashorns und des Königstigers folgte in den letzten zwei Jahrzehnten die nicht minder erfolgreiche und weltweit kopierte Entwicklung von »partizipativen Naturschutzkonzepten«, unter denen das *Annapurna Conservation Area Project* (ACAP) eine herausragende Stellung einnimmt.[10]

Die politische Instabilität im Lande hat allerdings erneut zu einem Florieren der Wilderei und einem schmerzlichen Rückgang geschützter Tierbestände geführt. Allein zwischen 2000 und 2005 ging die Zahl der Panzernashörner im Chitwan-Nationalpark von 544 auf 372 zurück. Die frühen Erfolge der Schutzpolitik – in den 1960er Jahren gab es weniger als 100 Nashörner, im Jahr 2000 aber bereits 610 in den aktuell drei nepalischen Verbreitungsgebieten – werden dadurch ernsthaft in Frage gestellt.[11]

Ein Königreich im Wandel

2

Frühe Staatenbildung

Wie in vielen alten Kulturen Asiens bleibt auch die Frühgeschichte Nepals und seiner Bevölkerung in mystisches Dunkel gehüllt. Nur wenige steinerne Zeugen haben die Zeiten überdauert und gestatten Vermutungen über historische Persönlichkeiten, dominierende ethnische Gruppen, Gründung und Verfall staatlicher Gebilde und herausragende kulturelle Leistungen in einer Zeit, die mehr als zweitausend Jahre zurückliegt. Hinzu kommt, daß der Begriff »Nepal« über Jahrhunderte gleichbedeutend mit dem Tal von Kathmandu war und die außerhalb liegenden Gebiete bestenfalls mit ein paar Randbemerkungen abgetan wurden. Tatsächlich kann man von einem vereinigten Staat Nepal, wie er sich uns heute darstellt und international anerkannt ist, erst seit gut zweihundert Jahren sprechen. Damals unterwarf der König von Gorkha, Prithvi Narayan Shah, die vielen kleinen Gebirgsfürstentümer seiner Nachbarschaft, eroberte das Nepal-Tal und machte Kathmandu zur neuen Hauptstadt seines Reiches. Nahezu alle geschichtlichen Studien zu Nepal befassen sich nur mit solchen Dynastien, die in diesem Tal oder in seiner näheren Umgebung residierten. (*Zeittafel siehe Seite 154.*)

Die erste einigermaßen belegte Periode der Geschichte »Nepal« ist – nach allen verfügbaren Studien – die der Herrschaft der Kiranti, die aus dem Osten des heutigen Staatsgebietes kamen und das Tal eroberten, in dem später einmal Kathmandu erbaut werden sollte. Unter König Yalambar kam es zur Gründung der **Kiranti-Dynastie**, die etwa vom 7. Jahrhundert vor bis zum 2. Jahrhundert nach Christus dauerte, etwa 30 Könige kannte und räumlich von Tista in Bhutan bis zum Fluß Trisuli westlich von Kathmandu reichte. In diese Zeit fiel nicht nur die Geburt von Siddhattha Gotama, des historischen Buddha, und die Ausbreitung seiner Lehre auch in die Berge Nepals; das Kiranti-Reich entwickelte sich auch als Vermittler des Handels zwischen Tibet und China im Norden und Indien im Süden. Diese Kontakte blieben nicht ohne Einfluß auf die geistige und materielle Entwicklung von Kultur und Gesellschaft.

Das Ende der Kiranti-Periode kam mit der indischen Invasion unter König Nimisha, der etwa um 205 n. Chr. die Somabansi-Dynastie im Tal von Kathmandu errichtete, unter welcher der Buddhismus zurückgedrängt, der Hinduismus neu belebt und das Kastensystem, das praktisch bis heute besteht, in Nepal eingeführt wurde. Während der Zeit des Gupta-Imperiums, das zwischen dem 4. und dem 6. Jahrhundert die Geschicke Nordindiens bestimmte, war der König von Nepal dem Kaiser Gupta tributpflichtig. Das kann man auf einer Steinsäule nahe Allahabad nachlesen, dem ältesten erhaltenen Dokument, auf dem der Name »Nepal« erscheint.

In der Zeit zwischen etwa 400 und 750 sprechen wir in Nepal von der **Lichhavi-Periode**, deren Gründer aus der Gegend von Patna in Nordindien kamen. Nach ihnen herrschten im Nepal-Tal die Thakuri und die frühen Mallas (ca. 750–1480), dann die Mallas der Drei Reiche (1480–1768) und schließlich die Shah-Dynastie der Könige von Gorkha. Die Gorkhalis eroberten Kathmandu 1768 und machten es 1770 zu ihrem Regierungssitz.

Die verschiedenen Perioden zeichnen sich jeweils durch besondere politische und kulturelle Leistungen aus. Das Herrschaftsgebiet der Lichhavi- und Thakuri-Könige im Nepal-Tal reichte zeitweise bis weit nach Tibet hinein und umfaßte beispielsweise die Manasarovar-Seen und den heiligen Berg Kailash. Die Malla-Fürsten, die zu dieser Zeit im Gebiet des heutigen westlichen Nepal regierten, waren den Lichhavi-Königen tributpflichtig, denen es im übrigen gelang, klare politische Machtverhältnisse nach innen und außen zu schaffen. Durch eheliche Verbindungen nach Indien, Tibet und China wurden die Beziehungen ebenso stabilisiert wie durch die erfolgreiche Abwehr von militärischen Invasionen, die gelegentlich aus dem Norden und aus dem Süden kamen. Die Sicherung des Transithandels über Rasuwa mit seinem Fort und über den

Kerung-Paß, eine Strecke, die im frühen 7. Jahrhundert entdeckt wurde,[12] war eine Quelle des Wohlstandes, der sich auch kulturell auswirkte. Der Mahayana-Buddhismus, die Gupta-Schrift, die Sanskrit-Literatur fanden zusammen mit nepalischer Handwerkskunst und Architektur ihren Weg nach Tibet. Erste Münzen wurden geschlagen, die Alphabetisierung und Dichtkunst gefördert, und Pilger aus China, die das Land besuchten, berichteten von der großen religiösen Toleranz allerorten.

Mit dem Niedergang der Macht der Thakuri-Könige und dem **Aufstieg der Mallas** trat Nepal in eine Periode innerer Konflikte ein. Die Mallas waren vor langer Zeit aus Indien eingewandert, hatten sich als Fürsten westlich der Gandaki und im Einzugsbereich der Karnali etabliert und bewarben sich bereits im Nepal-Tal um die Macht. Es war eine Periode lokaler Machtkämpfe, militärischer Invasionen aus dem Gebiet des heutigen westlichen Nepal und dem moslemischen Bengalen, die als die »dunkle Zeit« des Landes bezeichnet wird, zumal Erdbeben die militärischen Zerstörungen noch ergänzten. Jedes kleine Städtchen, nahezu jede Talschaft hatte sich unter einem Feudalherrn zu einem Fürstentum entwickelt und strebte Selbständigkeit und Unabhängigkeit an. Nepal stand am Rande des Bürgerkrieges. In dieser Zeit erwuchs dem Land ein Retter in Gestalt von Jayasthiti Malla (1354–1395), der die rebellierenden lokalen Machthaber unterwarf und einen straff organisierten Zentralstaat schuf.

In seiner langen Regierungszeit führte Jayasthiti Malla wieder die strengen Regeln einer Hindugesellschaft ein, die unter dem liberalen tantrischen Buddhismus vernachlässigt worden waren. Das Kastensystem wurde neu gefestigt und auch den Newars, den alten Talbewohnern, auferlegt. Heirats-, Nahrungs-, Berufs- und andere Vorschriften sowie das Prinzip der Unberührbarkeit wurden kodifiziert und durchgesetzt. Gleichzeitig begann eine Zeit sakraler Bautätigkeit, von der auch die buddhistischen heiligen Stätten profitierten. Die Literatur wurde gefördert, Maße und Gewichte neu geordnet, eine Landreform eingeleitet. Nach dem Tod des Königs verwalteten seine drei Söhne das Land gemeinsam, doch unter seinem Enkel Yaksha (1428–1482) fand die Macht der Mallas als Könige Nepals ein Ende: Yaksha teilte das Tal unter seine Söhne auf, und wir treten damit in die **Zeit der »Drei Reiche«** ein.

Die Aufteilung des kleinen Nepal-Tals in mehrere Fürstentümer, von denen am Ende die Königreiche von Bhadgaon (Bhaktapur), Patan (Lalitpur) und Kathmandu (Kantipur) übrigblieben, leitete eine Zeit innerer Kämpfe ein, die zur Schwächung der Zentralmacht führten und das Losbrechen der Feudalstaaten außerhalb des Tals begünstigten. Aber obschon sich diese kleinen Königreiche gegenseitig bekämpften, um sich Gebiete streitig zu machen, und nur vorübergehende Allianzen schlossen, muß die Zeit der Malla-Könige kulturell als ein »goldenes Zeitalter« gelten. Die Herrscher wetteiferten in der Ausgestaltung ihrer Hauptstädte durch Tempel, Sakral- und Profanbauten, förderten Handel und Gewerbe, Bewässerung und Landwirtschaft, übten weiterhin religiöse Toleranz und gewährten sogar moslemischen Flüchtlingen aus Indien Asyl.

Bereits die frühe Malla-Monarchie hatte sich auf göttliches Recht zurückgeführt, und wir finden schon hier den König als Inkarnation Vishnus dargestellt. Die Mallas integrierten sich weitgehend in die autochthone Newar-Gesellschaft des Tals, in der Hindus und Buddhisten einträchtig miteinander lebten und ihre Riten und Feste gegenseitig achteten, auch wenn von einem allgemeinen Niedergang des Buddhismus im Tal berichtet wird.

Politisch indessen brachten die Streitigkeiten unter den Königen des Tals nicht nur das Ende der Zentralmacht, sie bereiteten auch ihren eigenen Sturz vor. Denn sie hatten, trotz persönlicher Tapferkeit, der Streitmacht der Gorkhalis nichts Ebenbürtiges entgegenzusetzen, als diese sich 1768 anschickte, das Tal zu erobern.

Wir stehen damit am **Vorabend des »modernen« Nepal**. Durch die Streitigkeiten der Könige des Tals und die Intrigen ihrer Hintermänner waren ihre Länder und Städte in einem allgemeinen Niedergang begriffen. Handel, Volksbildung, Literatur und die Kultur im allgemeinen waren verfallen, Religion und Sitten verkommen – nur das Kunsthandwerk der Newars schien sich durch die Zeiten erhalten zu haben. Das heutige nepalische Staatsgebiet war in fünf Staatengruppen aufgesplittert (*siehe die historische Kartenskizze vorn im Umschlag*). Östlich des Tals mit seinen drei Königreichen lagen die Kiranti-Staaten der Rais und der Limbus, westlich davon die Chaubisi- und Baisi-Staaten. Jeder von ihnen setzte sich wiederum aus vielen kleinen Fürstentümern zusammen (24 und 22 an der Zahl, wie die Namen sagen), deren Machthaber nicht müde wurden, sich gegenseitig zu bekämpfen und gegeneinander zu intrigieren. Damit boten sich all diese Ländchen geradezu an, gemeinsam zur Beute einer aufstrebenden und ehrgeizigen Dynastie zu werden. Die Stunde der Könige von Gorkha war gekommen.

Die Herrschaft der Shah-Dynastie

Der Ursprung der Shah-Dynastie liegt bei den Rajputenprinzen von Nordwestindien. Einer von ihnen, Bhupal Ranaji Rao, wich 1495 vor den Moslems nach Norden aus und gelangte nach Palpa (im heutigen Westnepal). Seine Nachkommen dehnten ihren Herrschaftsbereich zwischen den Flüssen Trisuli im Osten und Kali Gandaki im Westen aus. Als Herrscher über einen bedeutenden Himalayastaat wurde Kulamandan vom Kaiser in Delhi der Titel »Shah« verliehen (was so viel heißt wie »König«), der seitdem von der Familie geführt wird. Drabya Shah gelang die Eroberung Gorkhas, und 1559 etablierte er sich dort als König. Die Shahs hatten im Lauf der Zeit einen gefestigten Staat aufgebaut, in dem sie zahlreiche Reformen auf dem Gebiet des Kreditwesens, der Wassernutzung, der Maße und Gewichte usw. einführten und der wegen seiner unbestechlichen Justiz weithin gerühmt wurde.

Der Wunsch, den Malla-Königen ebenbürtige Herrscher zu werden, ja sie gegebenenfalls zu entthronen, trieb die Shah-Könige an, die Fürstentümer im Gebiet des heutigen westlichen Nepal nach und nach zu unterwerfen. Dies gelang ihnen aber nicht auf Dauer, und sie mußten immer neue Machtbeweise erbringen. Unter **Prithvi Narayan Shah** (1723–1775) endlich, der politisch klug und militärisch zielstrebig vorging, gelang es den Herrschern von Gorkha, einerseits ihre Rivalen im Westen stillzuhalten und andererseits das Nepal-Tal zunächst einzukreisen und 1769 endgültig zu erobern. Ein Jahr später wurde Kathmandu zur Hauptstadt und zur Königsresidenz eines vereinigten Nepal erklärt.

Prithvi Narayans Nachfolger waren jahrzehntelang damit beschäftigt, die verschiedenen Fürstentümer botmäßig zu halten und die Grenzen des Reiches weiter nach außen zu schieben. Unter König **Rana Bahadur Shah** (1777–1799), der als Kleinkind die Thronfolge antrat, erreichte Nepal – das heißt ab hier: das Gorkhali-Reich mit der Hauptstadt Kathmandu – die größte Ausdehnung seiner Geschichte. Bahadur Shah, der Onkel und Regent des Königs, stieß nach Tibet vor, erreichte im Osten Bhutan und im

Westen die Grenze von Kaschmir und verdreifachte auf diese Weise das Staatsgebiet, das ihm Prithvi Narayan hinterlassen hatte. [13] Diese imperialistischen Gelüste hatten einen nepalisch-tibetischen Krieg (1787–1793) und kriegerische Auseinandersetzungen mit den Briten in Indien zur Folge. Mit dem Vertrag von Sagauli (1816) wurde das Ende des Gorkha-Großreiches besiegelt. Die Ostgrenze Nepals wurde am Fluß Mechi, seine Westgrenze an der Mahakali festgelegt und das ganze Tarai ging, zumindest zeitweise, an Britisch-Indien verloren. Damit hatte das Land in etwa die räumliche Gestalt angenommen, in der wir es heute kennen. Die Nordgrenze wurde erst 1979 durch ein nepalisch-chinesisches Grenzabkommen auf ihren gegenwärtigen Verlauf festgelegt.

Die Rana-Zeit

Allerdings war die Herrschaft der Shah-Dynastie keineswegs so stabil, wie man nach den zielstrebig durchgeführten Eroberungen hätte erwarten können. Vor allem waren die Machthaber weder in der Lage noch daran interessiert, die eroberten Gebiete durch administrative Erschließung und Entwicklung an Kathmandu zu binden. Im Gegenteil waren Machtkämpfe um die Thronfolge und um die Besetzung einflußreicher Posten mit vertrauenswürdigen Personen an der Tagesordnung. Sie bereiteten wiederum den Boden für eine Persönlichkeit vor, die die Lage zu nutzen wissen würde. Diese erschien in Gestalt von **Jang Bahadur** Kunwar (später Rana), der als einer der Befehlshaber der Shah-Armee in die Intrigen des Hofes miteinbezogen war. Königin Rajya Laksmi war darauf aus, den Kronprinzen, Sohn der verstorbenen Erstfrau von König Rajendra (1813–1881), zugunsten eines zukünftigen eigenen Sohns aus dem Weg zu räumen. Nach dem Mord an einem wichtigen Höfling rief sie im September 1846 die zerstrittene Elite auf dem militärischen Versammlungsplatz (*kot*) des Hanuman-Dhoka-Palastes zusammen und forderte Rechenschaft. Als daraufhin eine Schießerei ausbrach, stürmten Jang Bahadurs Soldaten den Innenhof und richteten ein Blutbad an. Durch dieses *Kot Massacre* (**Palastmassaker**) entledigte sich Jang nicht nur seiner politischen Gegner, die Königin ernannte ihn noch während des Massakers zum Premierminister. Jang schickte die Verwandten und Anhänger der Toten ins Exil, besetzte ihre Posten mit eigenen Leuten und intrigierte so geschickt, daß auch das Königspaar das Land verließ, während der Kronprinz und spätere König Surendra (1847–1881) ihm als willfährige Marionette blieb. Jang ließ die eigene Familie durch königliches Dekret zu Rajputen (wie die Shahs) erklären, nahm den altindischen Königsnamen »Rana« an und begann die Tradition von Ehen zwischen den beiden Familien. Im Jahr 1856 ließ er sich außerdem den Erbtitel eines Maharaja verleihen, durch den auch das Amt des Premierministers innerhalb der Rana-Familie erblich wurde. Damit führte Jang Bahadur die Familienautokratie ein, die rund ein Jahrhundert dauern sollte und als »Rana-Herrschaft« bekannt ist.

Im Jahr 1850 reiste Jang nach England, wurde von Königin Victoria empfangen und kehrte über Frankreich als erfahrener Mann und in gestärkter Position zurück. Sein Wunsch, engere Beziehungen zu Großbritannien herzustellen und gleichzeitig Nepal vor einer Kolonialisierung zu bewahren, wurde erfüllt, als 1857 die Sepoy-Meuterei die britische Position in Indien ernsthaft erschütterte. Jang selbst führte achttausend nepalische Soldaten in den Kampf und den Briten zu Hilfe und förderte so entscheidend die Wiederherstellung ihrer Macht auf dem Subkontinent. Dafür wurde er nicht nur hoch dekoriert; Nepal erhielt auch einen Teil des westlichen Tarais zurück, das die Shahs 1816 hatten abtreten müssen. Dieses Geschäft mit dem Blut nepalischer Söldner wurde in Gestalt der britischen »Gurkha«-Regimenter fortgesetzt, und Tausende von Nepalern ließen im Ersten und Zweiten Weltkrieg und in kolonialen Auseinandersetzungen für Großbritannien ihr Leben. Nach seiner Unabhängigkeit warb auch Indien Gurkha-Soldaten an.

Als Herrscher führte Jang Bahadur zwar eine Reihe von Reformen und Neuerungen ein, aber darunter war keine, die nicht der Erhaltung seiner Macht und der Mehrung seines Vermögens gedient hätte. Als er 1877 starb, war er auf Kosten des Gemeinwohls ein reicher Mann geworden und hatte für seine Nachkommen gesorgt. Auch in der Folge regierte die Rana-Familie das Land wie ihre private Domäne, zu ihrem eigenen wirtschaftlichen Vorteil. Doch auch die Macht der Ranas war nicht von Dauer. Sie hatten sich so vermehrt, daß sie sich im Kampf um den Posten des Premierministers und andere Pfründe aller Mittel bedienten.

Zwar wurde die Königsfamilie noch immer machtlos gehalten, aber in Indien hatten sich mehrere oppositionelle Emigrantengruppen gebildet, unter ihnen auch Ranas niederen Ranges, die sich 1950 zur **Nepali Congress Party** zusammenfanden und mit eigenen Streitkräften auf ihre Stunde warteten. Diese kam, als König Tribhuvan Bir Bikram Shah am 6. November 1950 in einer dramatischen Flucht, die in New Delhi endete, dem *Nepali Congress* das Signal gab, die Grenze zu überschreiten. Da das Rana-System weder beim nepalischen noch beim indischen Volk noch bei der indischen Regierung beliebt war und sich zudem Teile der nepalischen Armee weigerten, dem Kongreß entgegenzutreten, mußten die Ranas verhandeln. Am 18. Februar 1951 kehrte König Tribhuvan nach Kathmandu zurück und beendete die Autokratie der Ranas. Bald darauf führte er die parlamentarische Demokratie ein und öffnete Nepal für Besucher aus aller Welt.[14]

Regierungsversuche nach 1951

Die Bevölkerung des Staates Nepal hatte während dessen überschaubarer Geschichte außerhalb des eigenen Dorfes kaum irgendein Mitspracherecht gehabt, und die Politiker hatten entweder diktatorische Macht besessen oder aus einer illegalen Opposition heraus um die Macht gekämpft. Daher konnte niemand erwarten, daß eine bloße königliche Proklamation funktionierende westlich-demokratische Verhältnisse schaffen würde. Zu gegensätzlich waren die Interessen der verschiedenen politischen Gruppen, zu unterschiedlich die Vorstellungen von der politischen Zukunft Nepals. So mündete der steinige Weg zur konstitutionellen Monarchie zunächst wieder in ein Chaos, das König Mahendra Bir Bikram Shah (1920–1972), der seinem Vater Tribhuvan nach dessen Tod 1955 auf den Thron gefolgt war, durch autokratische Maßnahmen zu beenden suchte.

Zunächst wurden nacheinander Vertreter verschiedener Parteien als Premierminister mit der Bildung einer Regierung und der Lösung der dringendsten Fragen beauftragt, doch verhinderten Interessenkonflikte und Unruhen einen nachhaltigen Erfolg. Die **ersten regelrechten Wahlen**, die 1959 stattfanden, brachten eine Regierung hervor, die vor denselben ungelösten Aufgaben stand wie ihre glücklosen Vorgängerinnen.

König Mahendra stand dem Nutzen politischer Parteien für Nepal unter den gegebenen Verhältnissen ohnehin skeptisch gegenüber und war unzufrieden mit der unbedeutenden Rolle, die dem Palast in der neuen politischen Machtverteilung zugewiesen wurde. Vielleicht befürchtete er sogar, die übermächtige Kongreßpartei arbeite auf eine Abschaffung der Monarchie hin. Jedenfalls unternahm er am 15. Dezember 1960 einen **Staatsstreich von oben**. Er setzte die Verfassung außer Kraft, löste das Parlament auf, verhaftete die Spitzenpolitiker und nahm die Staatsführung selbst in die Hand. Die vage Begründung lautete, daß die Politiker die Interessen ihrer Parteien vor das Wohl des Volkes gestellt hätten, daß die Verwaltung vernachlässigt und daß die Korruption gefördert worden sei. Auf diese Weise habe sich die Regierung als unfähig erwiesen, Gesetz und Ordnung aufrechtzuerhalten, habe die politische Atmosphäre des Landes vergiftet und antinationalen Elementen die Tür geöffnet. Damit setzte er dem Versuch, Nepal mittels einer Parteiendemokratie zu regieren und zu entwickeln, ein Ende, und das Land trat in die »gelenkte« oder Panchayat-Demokratie ein, die bis 1990 das politische Leben bestimmte. Nun ging die exekutive, legislative und judikative Gewalt von dem jeweils regierenden Hindukönig aus, der mittels »*His Majesty's Government*« (HMG) tätig wurde.[15]

König Mahendra gab seinem Volk am 16. Dezember 1962 die vierte Verfassung seit der Beendigung der Rana-Herrschaft, welche, wenn auch durch Revisionen und Durchführungsbestimmungen modifiziert, von seinem Sohn und Nachfolger König Birendra Bir Bikram Shah (1945–2001) übernommen wurde und bis 1990 Gültigkeit hatte.

Das Panchayat-System (1962–1990)

Diese Panchayat-Verfassung garantierte ausdrücklich die gängigen Bürgerrechte wie Rede-, Religions-, Gewerkschafts- und Vereinsfreiheit – allerdings mit der Einschränkung, daß sie nicht dazu benutzt werden durften, politische Macht aufzubauen oder andere aktiv zur eigenen Religion zu bekehren. Das »parteilose Panchayat-System« enthielt Elemente aus der »Basisdemokratie«, den »Klassenorganisationen« und den »Nationalen Führungssystemen«, wie sie in verschiedenen Ländern der Dritten Welt und des sozialistischen Lagers versucht wurden, zusammen mit ursprünglich nepali-schen, dem Panchayat ähnlichen Vorstellungen und Erfahrungen.

Der dem Panchayat-System zugrunde liegende Gedanke war, daß eine in der Mitwirkung unerfahrene Bevölkerung schritt-weise an diese verantwortungsvolle Aufgabe herangeführt werden müsse, und daß es deshalb sinnvoll sei, wenn sie das auf unterer Ebene lerne – also in der Stadt, in dem Dorf oder dem Distrikt, wo sie lebte. Später trat noch der Entwicklungsgedanke hinzu und die Erkenntnis, daß Entwicklung »unten« beginnen muß und der Mitwirkung der betroffenen Bevölkerung bedarf. Auch hier war es naheliegend, die Verantwortung nicht Parteipolitikern auf ho-her Ebene, sondern den Menschen vor Ort anzuvertrauen. Auch der Gedanke der Dezentralisierung und die Politik der Grundbe-dürfnisbefriedigung, wie sie in letzter Zeit nachdrücklich vertreten werden, hätten im Panchayat-System idealiter einen zweckmäßigen politischen Rahmen gefunden.

Theoretisch hätte also die Zentralregierung schrittweise den größten Teil ihrer Funktionen und Vollmachten auf die unteren Ebenen übertragen müssen, doch gab sie, und mit ihr das Königs-haus, keine entscheidenden Machtpositionen zugunsten der Pan-chas auf. Die mehr als 4 000 Stadt- und Dorf-Panchayats wurden unmittelbar von der Bevölkerung gewählt, während die 75 Di-strikt-Panchayats von den Dorf- und Stadt-Panchas aus ihrer Mitte gewählt wurden. Das Parlament (National-Panchayat) wie-derum wurde direkt gewählt, was die Position der Verfechter ei-ner Parteiendemokratie schwächen sollte. In der Realität wurden die Panchayats durch allerlei **Kontrollorgane** davor bewahrt, etwas zu unternehmen, das den Machtinteressen der Zentralregierung und der Monarchie entgegenlaufen könnte. Das gab allen denen Recht, die das Panchayat-System als Irreführung der Öffentlichkeit empfanden.

Dennoch stimmte 1980 eine knappe Mehrheit der Wahlberech-tigten, wenn auch unter Vorbehalt, für die Beibehaltung des Sy-stems.[16] Man darf bei all dem nicht vergessen, daß sich Nepal als eine Hindumonarchie verstand, in der der König göttlichen Status hatte und alle Gewalt deshalb notwendigerweise von ihm ausging. Aus diesem Blickwinkel betrachtet, bedeutete das Panchayat-Sy-stem wahrscheinlich schon ein sehr großes Zugeständnis an eine politische Mitwirkung des Volkes.

Die Parteiendemokratie ab 1991

Die politischen Parteien bestanden im Untergrund fort und arbeiteten drei Jahrzehnte lang auf den Sturz des Panchayat-Systems hin. Im Frühjahr 1990 gelang es ihnen schließlich, immer mehr Nepaler zu Protestdemonstrationen zum **Jana-Andolan** (Volksaufstand) auf die Straßen der Hauptstadt zu bringen. Der Staatsapparat reagierte mit Waffengewalt, und einige Menschen starben. Doch bevor der Konflikt weiter eskalierte, hatte König Birendra ein Einsehen: Er hob das Verbot politischer Parteien auf, beendete damit das Panchayat-System[17] und zeigte sich bereit, einer neuen Verfassung zuzustimmen. Der letzte Panchayat-Premier, Lokendra Bahadur Chand, trat zurück. Der König ernannte den Vorsitzenden der Kongreßpartei, **Krishna Prasad Bhattarai**, zum neuen Premier und gab ihm den Auftrag, in absehbarer Zeit einen neuen Verfassungsentwurf vorzulegen. Bhattarais zehnköpfigem Kabinett gehörten Mitglieder der Kongreßpartei und der Vereinigten Linken ebenso an wie parteiunabhängige und vom König ernannte Minister. Am 8. November 1990 verkündete König Birendra in Gegenwart des Premierministers, des Kabinetts und der Parteiführer die »Verfassung des Königreichs Nepal 2047 BS«. Nepal blieb eine Hindumonarchie, und der König behielt den Oberbefehl über die Armee, doch die neue Verfassung beschränkte seine Macht und legte die legislative Gewalt in die Hände des Parlaments und der dort vertretenen Parteien.

Bei den Parlamentswahlen am 12. Mai 1991 konnte die nepalische Bevölkerung erstmals nach Jahrzehnten wieder zwischen verschiedenen Parteien wählen. Mehr als 40 Gruppierungen stellten sich zur Wahl.[18] Acht Parteien und eine unabhängige Gruppe zogen ins Parlament ein. **Girija Prasad Koirala** (Kongreß) wurde zum ersten demokratisch gewählten Premierminister der Periode nach 1990. (Bis hinein in die Parteienoligarchie nach den Aufständen von 2006 sollte er dieses Amt immer wieder ausfüllen.) Er stand einem Kabinett von 14 Ministern vor. Nicht nur gab es danach weiterhin Differenzen zwischen den Parteien; auch innerhalb der Kongreßpartei, die 37,8 Prozent der Stimmen und 110 der 205 Parlamentssitze gewonnen hatte und damit eine absolute Mehrheit besaß, zeigten sich sehr bald Rivalitäten. Die Amtsführung des Premiers stand in massiver politischer Kritik. Neben Korruption und

Begünstigung der alten Eliten wurde ihm auch vorgeworfen, beim Tanakpur-Vertrag, bei dem es um den Bau eines indischen Fluß-staudamms auf nepalischem Territorium ging, zu nachgiebig ge-genüber Indien gewesen zu sein. Bald verfestigte sich der Eindruck, daß Machtkämpfe den Politikern wichtiger waren als der zielstre-bige Aufbau des Landes.

Bei den Neuwahlen im November 1994 verlor die Kongreßpar-tei ihre absolute Mehrheit, während die *Communist Party of Nepal* (*United Marxist-Leninist*), kurz UML, die stärkste Fraktion wurde. Ihre 88 Sitze reichten allerdings nur für eine Minderheitsregierung aus. Der König ernannte **Man Mohan Adhikari** (UML) zum Pre-mierminister. Dieser wagte sich bald an schwierige Themen wie die Dorfentwicklung und das umstrittene Großstaudammprojekt Arun III.[19] Manche seiner Vorhaben wurden akzeptiert und spä-ter weitergeführt, andere erregten den Widerstand der anderen Parteien, die sich jedenfalls in dem einen Punkt einig waren: die Kommunisten wieder aus der Macht zu vertreiben. Diese Neigung teilten auch viele ausländische Beobachter und Regierungen, ob-wohl gerade die UML sich ausdrücklich zum Mehrparteiensystem und einem gemischten Wirtschaftsmodell bekannte.

Eine Art konstruktiven Mißtrauensvotums machte der Re-gierung Adhikari ein Ende. **Sher Bahadur Deuba**, der Koirala als Kongreß-Fraktionschef abgelöst hatte, wurde am 12. Septem-ber 1995 Premierminister einer Koalitionsregierung, deren Kabi-nett schließlich auf 48 Minister anwuchs. Um seine Regierung zu retten, versuchte Deuba die Koalitionspartner um jeden Preis bei der Stange zu halten, zumal sich in jener Zeit der »Volkskrieg« der *Communist Party of Nepal* (*Maoist*), einer militant-zentralistischen Organisation, im Westen des Landes auszubreiten begann. Die de-mokratischen Parteien hingegen litten an einem zunehmenden Faktionismus, das heißt, einer ständigen Spaltung und Neuorien-tierung der Parteien und führenden Politiker,[20] gepaart mit Kämp-fen um Ministersessel und Partei- oder Fraktionsvorsitze.

Die nachfolgenden Premierminister blieben jeweils nur kurz im Amt, bis sie zumeist durch ein Mißtrauensvotum gestürzt wurden. Auf Deuba folgte von März bis Oktober 1997 **Lokendra Bahadur Chand** und anschließend **Surya Bahadur Thapa**, die beide jeweils ihrer eigenen Faktion der königsnahen Nationaldemokratischen Partei (*Rastriya Prajatantra Party*, RPP) vorstanden. Die nächsten

6 Birendra Bir Bikram Shah (links) wurde 1945 geboren und folgte 1972 seinem Vater Mahendra auf den Thron. Er starb im »Palastmassaker« von 2001. Sein Bruder Gyanendra, geb. 1947, war ein erfolgreicher Geschäftsmann und Vorsitzender einer Naturschutzorganisation, bis er 2001 König wurde.

vier Regierungen wurden von Mitgliedern der Kongreßpartei geführt. Im April 1998 erhielt G. P. Koirala zum zweiten Mal den Auftrag zur Regierungsbildung. Bereits ein Jahr später trat Krishna Prasad Bhattarai, der sich um die neue Verfassung verdient gemacht hatte, zum zweiten Mal an die Spitze der Regierung, nur um nach einem knappen Jahr erneut von Koirala abgelöst zu werden, der dieses Amt nun zum dritten Mal übernahm. Nach 16 Monaten, im Juli 2001, erhielt Sher Bahadur Deuba zum zweiten Mal in seinem Leben den Auftrag zur Regierungsbildung. Doch bald darauf riß der neue König, Gyanendra Bir Bikram Shah, die Macht an sich und schickte das Parlament nach Hause.

Rückblickend muß man feststellen: Nepals zweiter Versuch einer Parteiendemokratie ab 1991 war, samt der neuen Verfassung, auf der ganzen Breite eine einzige Enttäuschung. Die Parteien und Politiker, die jahrzehntelang im Untergrund für die Abschaffung des Panchayat-Systems gekämpft hatten und denen es folglich an Regierungserfahrung fehlte, standen ratlos vor ihren neuen Aufgaben. Die früheren Panchayat-Politiker wiederum setzten auch nach der Systemwende die Tradition einer korrupten Vettern- und Klientelwirtschaft fort. Ein andauernder Machtkampf zwischen den Führern der diversen Parteien um Posten und Pfründe ließ kaum Raum für Sachpolitik, und da auch die neue Verfassung keinen Weg wies, um die Beseitigung nepalischer Grundübel anzupakken, versumpfte die Landespolitik in den individuellen Machtkämpfen ihres Führungspersonals.[21] So kam es, daß zwischen 1990 und 2002 die Premierminister zehnmal wechselten und im Schnitt jeweils nur 15 Monate im Amt blieben. Mit ihnen wechselten oft genug nicht nur das ganze Regierungskabinett, sondern auch die Leiter von Ämtern und Behörden.

Das Land sollte aber noch einen weiteren Schlag erleben.[22] Am 1. Juni 2001 kam die Königsfamilie, wie jeden Monat, im Narayanhiti-Palast zum gemeinsamen Abendessen zusammen. Laut dem Bericht der offiziellen Untersuchungskommission wurde Kronprinz Dipendra noch vor dem Eintreffen seines Vaters Birendra von vier jüngeren Verwandten zurück in sein Zimmer begleitet, da er nach dem Genuß von Whiskey und Haschischzigaretten nicht mehr sicher auf den Beinen war. Von seinem Zimmer aus telephonierte er mit seiner langjährigen Geliebten Devyani Rana; offenbar schwelte zwischen Dipendra und seinen Eltern ein Streit darüber, ob er sie heiraten dürfe. Gegen 21 Uhr legte Dipendra einen militärischen Kampfanzug an und erschien, bewaffnet mit einem Revolver und einem halbautomatischen Gewehr, im Billardzimmer. In der Folge erschoß er neun Familienmitglieder, darunter König Birendra und Königin Aiswarya, und einen Palastangestellten. Zuletzt richtete er die Waffe auf sich selbst. Dipendra starb nicht sofort, sondern fiel ins Koma und wurde König bis zu seinem Tod in den frühen Morgenstunden des 4. Juni.

Mit diesem **zweiten Palastmassaker** der nepalischen Geschichte rottete Dipendra die Shah-Dynastie nahezu aus, und das nepalische Volk hat das Ereignis bis heute nicht verwunden.[23] Übrig blieb unter anderem Birendras Bruder Gyanendra, der sich zum Zeitpunkt des Massakers in Pokhara aufhielt. Er wurde bis zum Tod seines Neffen zum Regenten ernannt und dann zum König gekrönt. Zunächst stand König Gyanendra Bir Bikram Shah, wie sein Bruder vor ihm, als konstitutioneller Monarch gemäß der Verfassung von 1990 an der Spitze des Staates.

Was aber war inzwischen im Lande geschehen?

Der »Volkskrieg« der Maoisten

Die allgemeine Enttäuschung über die Politik nach 1990 führte zur Zersplitterung der Parteienlandschaft und begünstigte extreme, insbesondere linksextreme, Gruppierungen. Eine der zahlreichen kommunistischen Parteien, die 1995 formierte *Communist Party of Nepal (Maoist)*,[24] begann Anfang 1996 einen Aufstand, den sie als »Volkskrieg« bezeichnete und der, vom mittwestlichen Mittelgebirge ausgehend, bald weite Teile des Landes unter ihre Kontrolle brachte. Dabei zerstörten die Maoisten gezielt die Ergebnisse von fast 50 Jahren Entwicklungspolitik, wie Brücken, Straßen, Flugplätze und Dienstgebäude, und bald tauchten auch erste Berichte über grausame Folterungen von Staatsbediensteten, wie Lehrern und Polizisten, oder von Angehörigen anderer Parteien auf. Die nepalische Armee schlug später oft nicht weniger rücksichtslos zurück. So sind als Ergebnis dieses Bürgerkrieges **über 13 000 Tote** zu beklagen, und schätzungsweise 100 000 bis 200 000 Nepaler wurden zu Binnenflüchtlingen.[25] Erst im November 2006 gelang es den etablierten Parteien, mit den Maoisten ein Übereinkommen zu finden.

Bei den im Lauf der Jahre hin und wieder stattfindenden Friedensgesprächen ging es den Maoisten vor allem um die politische Machtverteilung und die Rolle der Monarchie. Daß sie eine tiefgreifende soziale und ökonomische Transformation des Landes anstrebten, war jedoch offensichtlich und angesichts der Lage großer Bevölkerungsteile auch verständlich.

Aus zahllosen Reden und Veröffentlichungen läßt sich ein grobes Bild der Vorstellungen zeichnen, die die Maoisten im Falle einer Machtübernahme realisieren wollten. Sie wandten sich dabei gegen die parlamentarische Mehrparteiendemokratie (*bahudiliya jambad*), wie sie die anderen nepalischen, auch die kommunistischen Parteien vertreten, weil sie bestenfalls die Macht habe, »Wettbewerb unter Ungleichen« zu fördern. Die Maoisten selbst hingegen strebten eine »Neue Demokratie« (*naulo jambad*) auf der Basis »der allmächtigen Ideologie des Marxismus-Leninismus-Maoismus« an, »um die Menschheit ein für allemal vom Joch der Klassenausbeutung zu befreien«. Diese eher antiquierten Vorstellungen zu Beginn ihres »Volkskrieges« spielen heute keine ernstzunehmende Rolle mehr; die »Diktatur des Proletariats« wurde durch die »Volksdemokratische Diktatur« ersetzt. Auch reifte die Erkenntnis, daß es in Nepal ein Proletariat im klassischen Sinne nicht gibt und sich die Revolution bestenfalls auf landlose Bauern, Leibeigene, Unberührbare und andere benachteiligte Gruppen stützen könnte.

In der Frage des Königtums scheinen sich die Maoisten eine letzte Entscheidung offenzuhalten. Ihre Äußerungen reichten von der (bei Redaktionsschluß wieder aktuellen) radikalen Forderung nach einer (Volks-)Republik bis hin zum moderaten Wunsch, daß dem König nur noch eine dekorative Funktion zukommen solle (*ceremonial monarchy*) – letzteres möglicherweise aus der Erkenntnis, daß die Monarchie jedenfalls gegenwärtig noch eine wichtige Klammer ist, um den Vielvölkerstaat zusammenzuhalten.

7 Eine Kämpferin mit dem Parteinamen »Chunauti« verfolgt eine Übung der Maoistenguerilla in Bhojpur, Ostnepal (Okt. 2005). Chunautis Bruder dient in der staatlichen Armee. Viele Kämpfer der Maoisten waren Zwangsrekruten.

Die sachpolitischen Ziele der Maoisten waren in den letzten Jahren durch Maßnahmen geprägt, über die eine breite Diskussion durchaus wünschenswert wäre: Neuverteilung des Bodens (Landreform) und Befreiung der Bauern von Wucherern, Sicherung der Grenze nach Indien und Kontrolle der indischen Aktionen in Nepal sowie kritische Prüfung aller indisch-nepalischen Abkommen, Schutz der eigenen Wirtschaftsentwicklung, Bemühungen um die Behebung von Ungleichheiten zwischen Regionen und zwischen Stadt und Land, um nur einige zu nennen. Die maoistische Partei opponiert ausdrücklich gegen das Kastensystem, die Unterdrückung der Frauen und die Korruption im Staatsapparat.

Wirtschaftspolitisch streben die Maoisten erklärtermaßen keine »Kommandowirtschaft« im Sinne Stalins an, sondern eine an den Massen orientierte gemischte Wirtschaft mit privatkapitalistischen Elementen in einem nationalistischen Rahmen, wie sie Indien, Sri Lanka, Ägypten und seit einigen Jahren auch China verfolgen.[26]

Die praktische Gewaltpolitik der Maoisten ließ indessen zehn Jahre lang wenig Raum für sachliche Diskussionen.

Zwischen Königreich und Republik

König Gyanendra bestieg den Thron unter denkbar ungünstigen Bedingungen. Da er ausgerechnet am Abend des Palastmassakers vom 1. Juni 2001 nicht in Kathmandu gewesen war, konnte er sich Verdächtigungen durch jene nicht entziehen, die die Monarchie ohnehin für überholt hielten. Als Vorsitzender des *King Mahendra Trust for Nature Conservation* und des *Lumbini Development Trust*, als Ehrenmitglied des *World Wide Fund for Nature* und nach Besuchen in mehr als 25 Ländern war Gyanendra im Ausland besser bekannt als in seiner Heimat. Hier galt die öffentliche Aufmerksamkeit eher den Eskapaden seines Sohnes Paras. Bedeutende politische Kräfte, denen die Vorstellung einer Republik Nepal näher lag als die Fortführung der Monarchie, neigten dazu, dem Königshaus für alles, was es im Land zu bemängeln gab – Korruption, politisches Gerangel und Mißwirtschaft –, die Verantwortung zuzuschieben. Obwohl Gyanendra sich bei der Thronbesteigung zur Verfassung bekannte, stand er ihr doch offen skeptisch gegenüber: »Demokratie und Fortschritt widersprechen einander.«

Die schwerste Hypothek, die Gyanendra vor den Thron gelegt wurde, war der »Volkskrieg« der Maoisten. Sie herrschten inzwischen mehr oder weniger uneingeschränkt über etwa 40 von 75 Distrikten, die sie also aus ihrer Sicht »befreit« hatten.

G. P. Koirala war durch das Palastmassaker, fehlgeschlagene Be-

8 Girija Prasad Koirala (geb. 1925), ein Urgestein der Nepalischen Kongreß-partei, wurde 2006 zum vierten Mal Premierminister. Der Brahmane ist in der Tarai-Stadt Birgunj zu Hause und ging in Indien zur Schule.

mühungen um einen Frieden mit den Maoisten und Korruptions-vorwürfe in seiner Position als Premierminister geschwächt. Ende Juli 2001 mußte er das Amt an seinen parteiinternen Rivalen Sher Bahadur Deuba abtreten. Dieser bot den Maoisten umgehend Verhandlungen an und versprach im Parlament umfangreiche Sozialreformen. Die Regierung zeigte sich gewillt, einigen Forderungen ihrer Gegner entgegenzukommen. Sie stellte Änderungen der Landbesitz-Gesetze, Strafverfolgung der Diskriminierung wegen Kastenzugehörigkeit, gleiches Erbrecht für Frauen und Alphabetisierungskampagnen in Aussicht. Die ersten Friedensgespräche, die am 3. August begannen, dauerten knapp vier Monate – bevor die Maoisten sie am 23. November abbrachen und überall in ihrem Einflußgebiet Polizei- und Armeeposten angriffen.

Das gab König Gyanendra den Anlaß, am 26. November 2001 den **Ausnahmezustand** zu erklären, die Bürgerrechte einzuschränken und die Armee, die laut Verfassung unter seinem Oberbefehl stand, bei einem Feldzug im Fernen Westen zum ersten Mal massiv gegen die Maoisten einzusetzen. Vor kurzem hatte der amerikanische Präsident in der Folge der Ereignisse vom 11. September

9 Pushpa Kamal Dahal (geb. 1956), besser bekannt als »Genosse Prachanda«, gründete 1995 die CPN (*Maoist*) und ist seit 2001 ihr Vorsitzender. Der Brahmane wuchs im Tarai-Distrikt Chitwan auf.

einen weltweiten »*War on Terror*« ausgerufen. Der nepalische König erklärte nun die maoistischen Rebellen zu Terroristen und erhielt zu ihrer Bekämpfung Waffen und Berater aus den USA und Europa. Ein halbes Jahr später, am 22. Mai 2002, löste Premier Deuba auf Geheiß des Königs das Parlament auf, da dieses keiner weiteren Verlängerung des Ausnahmezustandes zustimmen wollte, und verordnete Neuwahlen am 11. November. Doch am 4. Oktober 2002 wurde Deuba selbst von König Gyanendra entlassen und wenige Tage später durch Lokendra Bahadur Chand ersetzt, der der letzte Panchayat-Premier gewesen war.

Die **heiße Phase des Bürgerkrieges**, die Ende November 2001 begonnen hatte, sollte die nächsten viereinhalb Jahre andauern, gelegentlich unterbrochen von Waffenstillständen und vergeblichen Friedensgesprächen. Die Zahl der Opfer stieg rasch, und bald wurde gemeldet, daß zwei Drittel davon auf die Maßnahmen der Armee zurückzuführen seien. Ein Ende war nicht in Sicht, da scheinbar keine der beiden Seiten den Krieg gewinnen konnte. Die Busse, die aus den Maoistengebieten in Richtung Kathmandu fuhren, füllten sich mit Passagieren mit *one-way ticket*. Doch auch in der Hauptstadt gelangen den Rebellen häufig Bombenanschläge und setzten sie *bandas* (Streikaufrufe unter Gewaltandrohung) durch. Unterdessen agitierten die politischen Parteien gegen die Machtausübung des Königs und für eine Wiedereinsetzung des Parlaments. Surya Bahadur Thapa wurde Anfang Juni 2003 zum fünften Mal Premierminister, worauf ein Jahr später Sher Bahadur Deubas dritte Amtszeit folgte. Die Touristenzahlen fielen, und die Wirtschaft insgesamt stagnierte, wovon die Ärmeren am stärksten betroffen waren. In der Bevölkerung machte sich Untergangsstimmung breit.

Beim *Royal Putsch* am 1. Februar 2005 entließ König Gyanendra die Regierung Deuba, übernahm selbst die Funktionen des Premierministers und begann, sein Land mit Notstandsverordnungen zu regieren. Politiker und Journalisten wurden verhaftet, die Versammlungs- und Pressefreiheit eingeschränkt, kritische Zeitungen verboten und zeitweise auch die Telefon- und Internetverbindungen gesperrt. Diese diktatorischen Züge seiner Herrschaft, in der nur noch die von ihm befehligte Armee Macht besaß, ließen die ohnehin geringe Popularität des Königs im In- wie im Ausland auf den Nullpunkt sinken. Er selbst behauptete, lediglich sichere Rahmenbedingungen für Parlamentsneuwahlen schaffen zu wollen. **Gyanendras Alleinherrschaft** sollte 15 Monate dauern, und in dieser Zeit führten die Maoisten ihre zerstörerischen Aktivitäten fort, während sich die hauptstädtische Bevölkerung immer mehr über die Ausgangssperren hinwegsetzte und durch Versammlungen und Demonstrationen die Rückkehr zur Demokratie forderte. Die Proteste, die unter Rückbezug auf 1990 als **Jana-Andolan II** bekannt sind, wurden vor allem von der Sieben-Parteien-Allianz getragen, die die Zusammensetzung des letzten Parlaments widerspiegelte. Die Allianz hatte sich die Entmachtung des Königs und einen Frieden mit den Maoisten zum Ziel gesetzt, mit denen sie Ende November 2005 ein Zwölf-Punkte-Abkommen traf.

Schließlich sah König Gyanendra seine schwache Position ein und sagte am 24. April 2006 zu, die politische Macht und Verantwortung »zurück in die Hände des Volkes zu geben«. Er setzte das Parlament wieder ein und ernannte den schwerkranken, 85jährigen G. P. Koirala am folgenden Tag zum vierten Mal zum Premierminister. Die wiedererstandene Volksvertretung, die Koirala mit stehenden Ovationen begrüßte, verabschiedete am 18. Mai ein Gesetz, laut dem nunmehr alle legislative Macht bei ihr und alle exekutive Macht beim siebenköpfigen Ministerkabinett lag. Das Parlament übernahm auch den Oberbefehl über die Armee, löschte den Bezug zum Königshaus aus den Namen staatlicher Organisationen, und erklärte die bisherige Hindunation zu einem säkularen Staat.

Die Maoisten waren bereits am 27. April Koiralas Aufruf gefolgt und hatten einen Waffenstillstand verkündet. Die neue Regierung nahm das Etikett »Terroristen« zurück und strebte die Beteiligung der Maoisten an einem Interimskabinett und einer Verfassunggebenden Versammlung an. Dies wurde schon im Mai in einem Acht-Punkte-Abkommen festgelegt. Die Frage nach der Zukunft der Monarchie blieb zunächst ausgeklammert. Am 21. November 2006 wurde endlich ein formelles **Friedensabkommen** unterzeichnet, und am 15. Januar 2007 nahm ein 330köpfiges, durch Verhandlungen zwischen den Parteien konstituiertes Übergangsparlament seine Arbeit auf, dem 83 Abgeordnete der CPN (*Maoist*) angehören. Die Bevölkerung feierte diesen Schritt als Ende des »Volkskrieges« und als den lange ersehnten Frieden.

Gemäß dem Friedensvertrag sollte sich die maoistische »Volksarmee« in 28 über das ganze Land verstreute Lager zurückziehen und ihre Waffen an sieben Orten in Container einschließen. Unter anderem zur Überwachung der Waffenlager entsandte der Sicherheitsrat der Vereinten Nationen Anfang 2007 eine *United Nations Political Mission in Nepal* (UNMIN). Es zeigte sich schnell, daß die Maoisten bei weitem nicht alle Waffen abgegeben hatten – selbst Abgeordnete prahlten im Parlament mit ihren Pistolen –, und bis Mitte des Jahres wurde klar, daß der harte Kern der »Volksarmee« in Gestalt der vorgeblichen maoistischen Parteijugendorganisation *Young Communist League* (YCL) weiterlebt. Die 35 000 »Kämpfer« in den offiziellen Lagern hingegen entstammen wohl zu einem Großteil anderen Vorfeldorganisationen der Partei oder wurden erst kurz vor der scheinbaren Auflösung der »Volksarmee« rekrutiert. Die Maoisten verfügen damit sowohl über die politisch-legislative Macht, die sie als eine der **Acht Parteien** im Übergangsparlament ausüben, als auch nach wie vor über das exekutive Gewaltmittel einer Privatarmee.

Über das Schicksal der Monarchie soll die **Verfassunggebende Versammlung** in ihrer ersten Sitzung entscheiden. Der Termin für die Wahl wurde vom Juni 2007 in den November ver-

10 Ein Frauenverband demonstriert für den demokratischen Neubeginn.

schoben. Trotz der verlängerten Vorbereitungszeit erscheint es zweifelhaft, daß die schwachen, verunsicherten Staatsorgane freie und faire Wahlen gewährleisten können. Seit Januar 2007 erinnern blutige Unruhen im östlichen Tarai daran, daß der Frieden zerbrechlich und die Probleme, die den Aufstieg der Maoisten befeuert haben, weiter ungelöst sind; dazu gehören die weitverbreitete Armut und die staatliche Ungleichbehandlung von Landesteilen und Bevölkerungsgruppen. Diverse ethnisch motivierte, ehemals maoistische Splittergruppen, die sich von der Mutterpartei betrogen fühlen, setzen den Kampf nun auf eigene Faust fort. *Bandas* und gewaltsame Auseinandersetzungen sind weiter an der Tagesordnung. Ob sie der Ausklang der Krise oder das Vorspiel schlimmerer Ereignisse sind, läßt sich nicht absehen.

Eine schwierige Verwaltung

Die Verwaltung Nepals als durchdachtes, funktionierendes System reicht in ihren Anfängen kaum mehr als zweihundert Jahre zurück. Die ungezählten, mehr oder weniger eigenständigen Fürstentümer und kleinen Königreiche, die König Prithvi Narayan Shah um 1770 im Gorkhali-Reich und späteren nepalischen Staat zu vereinigen begann, wurden jedes auf seine Weise verwaltet – oder richtiger, durch die Feudalaristokratie verwertet. Aber auch während der ersten Generationen der Shah-Dynastie konnte man nicht von einer Verwaltung im modernen Sinne sprechen, waren sie doch in erster Linie mit der Ausdehnung ihres Imperiums beschäftigt, ohne in der Lage zu sein, es durch eine effektive Administration zu konsolidieren. Die Übertragung von Rechten und Vollmachten außerhalb des Tals an einige höhere, meist adlige Staatsdiener, die Land anstelle von Gehalt erhielten, war dafür sicher nicht der richtige Weg. Deshalb zerfiel dieses Großreich auch rasch, als es unter den politisch-militärischen Druck Großbritanniens geriet.

Erst mit dem Beginn der Rana-Herrschaft, die ein mehr oder weniger klar abgegrenztes Staatsgebiet vorfand, kann man vom Aufbau einer Verwaltung sprechen. Die Ranas waren – wenn man von dem Wunsch absieht, das Tarai zurückzugewinnen – an einer territorialen Ausdehnung Nepals nicht interessiert. Es lag ihnen vielmehr daran, ihre Herrschaft im Inneren zu festigen und das Land zum Nutzen ihrer Familie zu entwickeln und auszubeuten. Dazu eignete sich eine straffe Verwaltung vor allem deshalb, weil die entscheidenden Posten auch außerhalb des Tals mit Angehörigen der Familie besetzt wurden. Deshalb wurde Nepal in 32 Distrikte eingeteilt, denen jeweils ein Gouverneur (*bada hakim*) vorstand, der ziemlich unumschränkt herrschen konnte. Im übrigen war die Verwaltung **in Kathmandu zentralisiert**, und die Staatsdiener mußten ständig ihre Loyalität beweisen.

Nach dem Ende der Rana-Herrschaft und bei dem ersten Versuch, demokratische Verhältnisse einzuführen, standen die ersten Regierungen vor der kaum lösbaren Aufgabe, eine Verwaltung ohne erfahrenes Personal aufzubauen. Eine wachsende Zahl von Parteien und kurzlebige Kabinette waren nicht der Boden, auf dem eine effiziente Verwaltung heranreifen konnte. Aber auch mit der neuerlichen Machtübernahme durch König Mahendra und der Einführung des Panchayat-Systems besserten sich die Verhältnisse nicht. Zwar wurde das Land neu gegliedert, in 14 Zonen und 75 Distrikte, und es gab von Zeit zu Zeit Kommissionen, die mit ausländischer Beratung Vorschläge zu Verwaltungsreformen ausarbeiteten, aber wesentliche Fortschritte waren nicht zu vermelden. Das Ziel einer gleichmäßigen, räumlich ausgewogenen Entwicklung wurde 1973 durch die Errichtung von »Entwicklungsregionen« unterstrichen. Es gibt deren heute fünf. Sie reichen jeweils von der Nord- zur Südgrenze und umfassen daher Teile des Gebirges, des Mittelgebirges und des Tarais. Mehr und mehr werden statistische Tabellen nach Entwicklungsregionen gegliedert.

Die »pathologischen Merkmale«[28] der Verwaltung, die Kenner in der Panchayat-Zeit diagnostizierten, treffen auch zwanzig Jahre später noch zu. Hartnäckiges Festhalten am Althergebrachten, bürokratische Aufblähung, Selbstbedienung, die Weigerung, Verantwortung zu übernehmen, Vetternwirtschaft und Korruption verzögern eine gesunde Entwicklung und führen vor allem bei der jüngeren, zum Teil gut ausgebildeten Generation zu Frustration. Schlechte Bezahlung, Unsicherheit der Anstellung, die ständige Gefahr, als Sündenbock für die Versäumnisse Höhergestellter geopfert zu werden, und das Fehlen von Führungsqualitäten bei den Entscheidungsträgern haben die Verwaltung auch nach 1990 ineffektiv bleiben lassen. Hinzu kam ein ständiger versteckter Machtkampf zwischen den Sekretariaten der Regierung und dem Palast, der eine rationale Verwaltung geradezu als Bedrohung des politischen Systems fürchtete. Die Presse berichtete zwar freimütig über Korruptionsskandale, aber die dagegen erlassenen Verordnungen blieben in der Regel totes Papier.

Spätestens ab der Jahrtausendwende behinderte der »Volkskrieg« zunehmend selbst die reine Verwaltungsarbeit. In den von ihnen »befreiten« Distrikten richteten die Maoisten eigene Verwaltungsstrukturen ein, die auch 2007 zum Teil weiterhin oder wieder bestehen.

Gleichgültig, wer in Nepal künftig das Sagen hat: Heute wie vor vierzig Jahren wären tiefgreifende und nachhaltige Verwaltungsreformen der Hieb, der einen gordischen Knoten in Nepals Entwicklungsbemühungen beseitigen könnte.

Bevölkerung und Sprachen

Im Jahre 1911 wurde die Gesamtbevölkerung mit 5,6 Millionen angegeben. Sie wuchs während der folgenden dreißig Jahre nur geringfügig auf 6,3 Millionen. Erst seit dem Zensus, der Mitte 1961 durchgeführt wurde, kann man mit Zahlen rechnen, die für ein

Entwicklungsland hinreichend zuverlässig sind und nun alle zehn Jahre überprüft werden. Im Jahr 1961 hatte Nepal 9,4 Millionen, 1971: 11,6 Millionen, 1981: 15,0 Millionen, 1991: 18,5 Millionen und beim Zensus 2001: 23,2 Millionen Einwohner. Die Interzensusschätzung von 2005 kam auf 27,7 Millionen.

Bereits diese wenigen Zahlen zeigen, daß sich die Bevölkerung des Landes unaufhaltsam vermehrt. Die Gründe dafür sind ein Rückgang der Sterberate innerhalb von zwanzig Jahren um 29 Prozent, während die Geburtenrate im gleichen Zeitraum nur um elf Prozent sank. So stieg die Lebenserwartung des Neugeborenen von 32 Jahren (1950) auf 60 Jahre (2002). Die jährliche Zuwachsrate der Bevölkerung beträgt heute (1990–2003) 2,3 Prozent. In der Region Südasien liegt Nepal damit neben Pakistan auf Platz zwei, hinter Bhutan.

Bemühungen auf dem Gebiet der Bevölkerungspolitik (Familienplanung), die mit der Gründung der *Family Planning Association of Nepal* bis in die späten 1950er Jahre zurückreicht, haben wenig Erfolg gezeitigt. Nach wie vor wird **Kinderreichtum** angestrebt, und 1976 praktizierten weniger als vier Prozent der verheirateten Frauen irgendeine Form von Empfängnisverhütung. Die schlechte Verkehrserschließung des Landes reduziert die Bemühungen um eine Aufklärung und praktische Beratung der Menschen weitgehend auf das Kathmandu-Tal und die Gebiete entlang den Fernstraßen. Obwohl man sich bemühte, eine Tür-zu-Tür-Aufklärung zu betreiben, auf dem Lande empfängnisverhütende Mittel zu vertreiben und periodisch Sterilisationscamps einzurichten, konnten beispielsweise 1969 nur 7 774 neue Akzeptantinnen gewonnen werden. Mitte der 1980er Jahre betrug ihre Zahl insgesamt 340 000. Wenn man für 2005 angibt, daß 39 Prozent der gebärfähigen Frauen Familienplanung betreiben, so dürfte das mehr ein Planziel sein und sich vor allem auf die modern denkenden Ehepaare in der Stadt beziehen.

Damit ergeben sich erschreckende Perspektiven. Die Schätzungen der Weltbank lassen erwarten, daß Nepal eine stationäre Bevölkerungsgröße erst bei 63 Millionen Bewohnern erreichen wird. Geburten- und Sterbeziffern werden erst im Jahre 2035 konstant und identisch sein. Es ist ziemlich sicher, daß es zu dieser Riesenbevölkerung nicht kommt; offen bleibt nur, was sie verhindern wird: eine erfolgreiche Familienpolitik oder eine Katastrophe.

Die **Altersstruktur** in Nepal ist typisch für eine Bevölkerung mit hoher Fruchtbarkeit bei gleichzeitig geringer Lebenserwartung (*siehe Abbildung 11*). Beim Zensus von 2001 machten die unter 15jährigen 39 Prozent und die unter 20jährigen sogar knapp 50 Prozent der Bevölkerung aus. Der Anteil der 15- bis 64jährigen (»Aktive«) lag bei 56 Prozent. Nur 4,2 Prozent der Nepaler waren 65 Jahre und älter. Zum Vergleich: In der deutschen Bevölkerung mit ihrer geringen Fruchtbarkeit und hohen Lebenserwartung sind nur 17 Prozent jünger als 15 Jahre und 23 Prozent jünger als 20 Jahre, während 68 Prozent zur Gruppe der »Aktiven« gehören. Die über 65jährigen machen bei uns 15 Prozent aus. Auch in Nepal zeigt sich seit dem Zensus von 1981 aber eine leichte »Alterung« der Gesellschaft: Bei ansonsten annähernd gleichbleibenden Verhältnissen hat sich der Anteil der über 65jährigen um mehr als das Eineinhalbfache erhöht.

In den letzten Jahrzehnten hat sich in Nepal eine deutliche **geographische Verschiebung** der Bevölkerung ergeben, die durch die Zurückdrängung der Malaria im Tarai ermöglicht wurde. Zwischen 1961 und 2001 sank der Anteil der Gebirgsbewohner an der Gesamtbevölkerung von elf auf sieben Prozent und der der Mittelgebirgsbewohner von 57 auf 44 Prozent, während die Tarai-Bevölkerung statt früher 32 nun 48 Prozent ausmacht. Diese relative Veränderung bedeutete aber keineswegs eine absolute Entlastung des Gebirges oder des Mittelgebirges, sondern verlangsamte nur das dortige Bevölkerungswachstum. Während der drei Jahrzehnte zwischen 1971 und 2001 wuchs die Gesamtbevölkerung Nepals um 100, die des Gebirges um elf, die des Mittelgebirges um 73, die des Tarai aber um 158 Prozent.

Es gibt in Nepal Gebiete, die fast menschenleer sind, wozu insbesondere die nordwestlichen Grenzdistrikte Humla, Dolpo, Mustang und Manang gehören. Ihnen stehen ausgesprochen dicht besiedelte Gebiete gegenüber, wozu vor allem das östliche Tarai zwischen den Distrikten Rautahat und Jhapa an der Ostgrenze zählt. Selbst innerhalb der geographischen Regionen ist die Bevölkerungsdichte aber wohlgemerkt sehr unterschiedlich.

Der Himalaya im allgemeinen und Nepal im besonderen sind für die Menschen eine Zone der Trennung, aber auch der **Begegnung und Durchdringung**. Hier treffen sich die zentralasiatischen, tibeto-birmanischen, buddhistisch-lamaistischen Völker im Norden mit den südasiatischen, indo-arischen, hinduistischen im Süden. Nepal hat in seiner Geschichte weniger gewaltsame Eroberungen als langsame Überlagerungen einander zunächst fremder Kulturen erlebt. Noch heute ist das nördliche Grenzgebiet von Menschen tibetischer Sprache und Kultur geprägt, während das Tarai entlang der Grenze zu Indien auch sprachlich und kulturell als Fortsetzung der Ganga-Ebene erscheint. Das Mittelgebirge dazwischen ist die Heimat einer größeren Zahl ethnischer Gruppen, die ihre Wurzeln entweder im Norden oder im Süden haben, aber oft schon seit vielen Jahrhunderten hier leben (*siehe Tabelle »Volksgruppen und Kasten« auf Seite 148 f.*).

Für die Geschichte Nepals und seine heutige politische und religiöse Struktur war allerdings das **Vordringen indischer Gruppen** ins nepalische Mittelland bestimmend, die nicht nur durch Landnahme politische Macht aufrichteten, sondern durch die nachdrückliche Ausbreitung des Hinduismus und des Kastensystems aus dem vor-

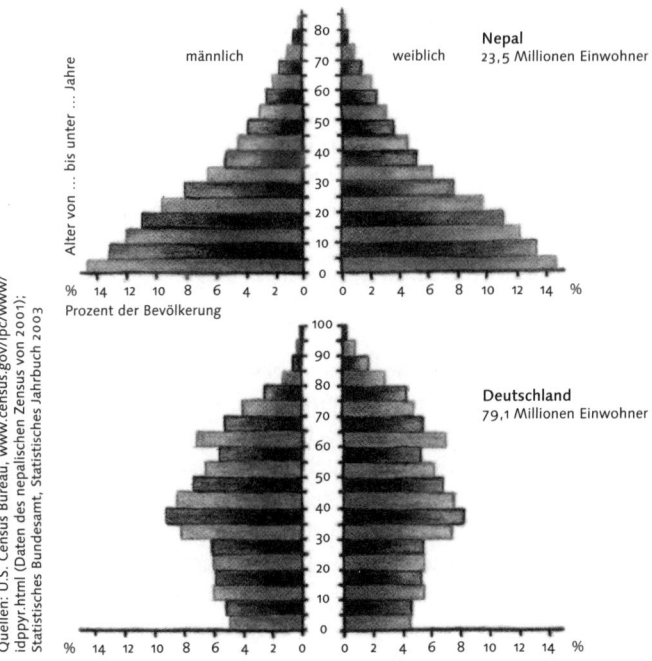

Quellen: U.S. Census Bureau, www.census.gov/ipc/www/idppyr.html (Daten des nepalischen Zensus von 2001); Statistisches Bundesamt, Statistisches Jahrbuch 2003

11 Altersaufbau der Bevölkerungen Nepals und Deutschlands 2001

12 Sherpa-Frau in *bakkhu*-Schürzenkleid und traditionellem Festputz. Die Sherpas, Nepals wohl bekannteste Volksgruppe, wanderten im 16. Jahrhundert von Norden in den Solukhumbu (Everestgebiet) ein. Wie andere nördliche Grenzvölker blieben sie Tibet durch Handel und Religion eng verbunden.

mals überwiegend animistisch-buddhistischen Land ein Hindu-königreich machten. Das Vordringen hinduistischer Adliger mit ihren Anhängern war besonders im 12. und 13. Jahrhundert stark, als Nordindien von den Moslems erobert wurde und sich die Hochkasten-Hindus, Brahmanen und Chhetris, nach Norden in die Berge zurückzogen, wo sie als Mallas und Shahs eine politisch bedeutende Rolle spielen sollten.

Die statistische Erfassung der Bevölkerung Nepals hat die Zähler immer vor beträchtliche Probleme gestellt. Im Panchayat-System kam hinzu, daß die ethnische Vielfalt des Landes in der Statistik aus politischen Gründen gering gehalten werden sollte. Mit der Redemokratisierung 1991 änderte sich daher auch das statistische Bild der Bevölkerung. Während der Zensus von 1991 nur 59 ethnische und kastenbezogene Gruppen meldete, stieg diese Zahl beim Zensus von 2001 auf 100 an. Dabei ergab sich folgendes Bild:

Die beiden **größten Gruppen** bilden die 3,6 Millionen Chhetris (16 Prozent) und die 2,9 Millionen Bergbrahmanen oder Bahuns (13 Prozent). Jeweils mehr als eine Million stellen die Magars, die konzentriert im zentralen Mittelgebirge siedeln; die Tharus,

13 Tharu-Frau in Sari und Bluse und mit hinduistischem *bindi*-Stirnmal. »Tharu« bezeichnet Gruppen diversen Ursprungs in Nepal und Indien, die als angepaßte, malariaimmune Ackerbauern den Tarai-Dschungel bewohnten, bevor die dominierenden nordindischen Kasten die Region erreichten.

die als »Ureinwohner des Tarai« gelten; die Tamangs, die vom Kathmandu-Tal und seinem Umland bis an die Nordgrenze siedeln; und die vorwiegend städtischen Newars, die als »Ureinwohner des Kathmandu-Tals« mehrheitlich dort leben, aber auch nach Osten hin verstreut sind. Unter eine Million Menschen zählen die Kiranti-Völker, zu denen die Rais und Limbus gehören; sie leben in einem geschlossenen Siedlungsgebiet im östlichen Mittelgebirge.

Alle genannten Volksgruppen haben seit langem mehr oder weniger engen Kontakt mit den Brahmanen. Das gilt auch für die Gurungs, die im gleichen Siedlungsraum mit den Magars leben. Magars, Gurungs, Rais und Limbus sind die Gruppen, aus denen sich lange die sogenannten »Gurkha«-Truppen Großbritanniens und Indiens rekrutierten.

Entlang der Nordgrenze leben kleinere Völkerschaften, deren Sprachen eng mit dem **Tibetischen** verwandt sind und die sich auch in ihrer Religion und materiellen Kultur stark an Tibet orientieren. Sie pflegen vorwiegend einen lamaistischen Buddhismus, der noch bedeutende schamanistische Elemente kennt. Diese Gruppen leben überwiegend an den Handelspfaden nahe den Pässen, die hinüber nach Tibet führen, und hatten oft Handelsprivilegien, die ihnen zu einem bescheidenen Wohlstand verhalfen. Wir finden sie im oberen Tamur-Tal im Osten, an der Südflanke des Sagarmatha-Massivs und in den Distrikten Manang, Mustang, Dolpo und Humla. Die einzelnen Gruppen zählen einige tausend, oft nur einige hundert Menschen und machen damit weniger als ein Prozent der Gesamtbevölkerung aus. Die bekanntesten unter ihnen sind die 173 000 Sherpas, deren Hauptsiedlungsgebiet im Solukhumbu, südlich des Mount Everest, liegt.

Seit China 1950 Tibet militärisch besetzte, gibt es in Nepal eine größere Gruppe von rund 10 000 » echten « Tibetern, die oder deren Vorfahren zum Großteil schon in den 1950er Jahren als Flüchtlinge einwanderten. Zusammenhängende Siedlungen finden sich heute im Kathmandu-Tal, im Pokhara-Tal, in Ostnepal (Chialsa) und in Westnepal (Dhorpatan). Sie spielen unter anderem im Geschäftsleben Kathmandus und Pokharas als Handwerker, Händler und Restaurantbesitzer eine Rolle. Bis heute flohen etwa 80 000 Tibeter nach Nepal und Indien. Laut Statistik versuchen in den Sommermonaten jedes Jahr zwischen 2 000 und 3 000 Menschen, über die Himalayapässe aus Tibet zu entkommen.

Auch das Tarai ist ein kleinteiliges ethnisches Mosaik, dem wegen der weit höheren Bevölkerungszahlen aber größeres politisches Gewicht zukommt. Von den Familien rezenter Einwanderer aus dem Mittelgebirge abgesehen, handelt es sich hier fast ausschließlich um Menschen, die eine **indische Sprache** sprechen. Dazu zählen auch größere und große, grenzübergreifende Sprachen wie (von Ost nach West) Bengali, Maithili, Bhojpuri, Hindi und Urdu. Durch ständige Zuwanderung aus Indien nimmt diese Gruppe weiter zu.

Das **Sprachenmosaik** Nepals (*siehe Karte vorn im Umschlag*) gliedert sich wie folgt: 79,1 Prozent der Bevölkerung sprechen eine indo-europäische Sprache, darunter Nepali und Maithili; 18,4 Prozent sprechen sino-tibetische Sprachen, darunter Tamang und Newari; der Rest spricht austro-asiatische, dravidische und andere Sprachen. Der letzte Zensus registrierte 92 » Muttersprachen «.[29]

Nach der Zählung von 2001 sind heute allerdings elf Millionen oder 49 Prozent der Einwohner Nepali-Muttersprachler, und sie sind fast überall zu finden, außer in manchen Orten des extremen Nordens und Südens. Verstehen kann Nepali fast jeder Staatsbürger, so wie die nepalischstämmige Diaspora in Nordostindien und Bhutan. Zu den Nepali-Muttersprachlern zählen zuvorderst jene Volksgruppen, die einst vor den Moslems in die Berge flüchteten und den nepalischen Staat seit seiner Entstehung dominiert haben: Brahmanen, Chhetris und Thakuris. Dabei haben sie ihre vom Sanskrit abgeleitete Sprache, die als Khas, später als Gorkhali und schließlich als Nepali bezeichnet wurde, als Nationalsprache durchgesetzt. Sie wird in Devanagari geschrieben, der Schrift, die unter anderem auch für Sanskrit und Hindi gebräuchlich ist (*siehe Tabelle vorn im Umschlag*). Darüber hinaus ist Nepali zunehmend auch für die Kinder anderer Volksgruppen nicht nur eine zweite, sondern die eigentliche Muttersprache. Viele kleinere Sprachen in Nepal sind daher in ihrem Fortbestand bedroht.

Die **Sprache der Elite** ist seit der Rana-Zeit Englisch, und im Bildungswesen (beginnend im Kindergarten) läuft dieses dem Nepalischen allmählich den Rang ab.

Überwindung der Kastengesellschaft?

Nach den vorangegangenen Kapiteln liegt es auf der Hand, daß man in Nepal nicht von leicht überschaubaren, einheitlich für das ganze Land geltenden sozialen Strukturen sprechen kann. Allein der Umstand, daß auch heute noch über 90 Prozent der wirtschaftlich aktiven Bevölkerung von Land-, Forst-, Vieh- und Fischwirtschaft abhängen, zeigt, daß die überwiegende Mehrheit der Bevölkerung bäuerlich-dörflich lebt und in ihren traditionellen Strukturen verhaftet ist. In praktisch allen sozialen und ethnischen Gruppen ist immer noch die mehrere Generationen überspannende Großfamilie der wichtigste soziale Lebensraum und die gemeinsame materielle Lebensgrundlage. In der ländlichen Gesellschaft und weitgehend auch im städtischen Raum ist das Überleben nur möglich, wenn mehrere, oft sehr kleine Einkommen in einem gemeinsamen Haushalt zusammenfließen. Dieser ist gleichzeitig der Ort, an dem die Kinder erzogen und sozialisiert werden. Auf diese Weise wurden Hierarchien innerhalb und außerhalb der Familie und der dörflichen Gemeinschaft, die Verteilung der Funktionen, die Verhaltensweisen usw. über Jahrhunderte hinweg konserviert. Die gesellschaftlichen Entwicklungen Nepals während des letzten halben

Jahrhunderts rühren in erster Linie aus dem Kontakt mit westlich-modernen Ideen und Lebensformen her.

Die Gesellschaft Nepals ist stark geprägt durch das aus Nord-indien stammende brahmanische Sozialsystem und dessen Verhal-tenskodex. Im Nepal-Tal wurden sie über ein Jahrtausend lang in wechselnder Stärke von oben durchgesetzt, besonders streng unter Jayasthiti Malla (1382–1395), Rama Shah (1606–1633) und Jang Bahadur Rana (1846–1877). Diese Herrscher unternahmen je-weils erneut den Versuch, eine ethnisch, kulturell und religiös sehr heterogene Gesellschaft in einen grundsätzlich orthodox-hindui-stischen Rahmen zu pressen. Während er für die arischstämmigen Hindus verpflichtend war, konnten ihn andere Gruppen flexibler handhaben. Insbesondere die Ranas benutzten das Kastensystem, um das Leben der Nepaler bis ins letzte zu reglementieren und die eigene Macht zu festigen.

Das brahmanische **Kastensystem**, das im Nepal-Tal erst-mals unter der Somabansi-Dynastie im 3. Jahrhundert eingeführt wurde, kennt vier Untergliederungen: die Priesterkaste (Brahma-nen, Nepali: Bahun), die Riten und Lehre weitergeben; die Kaste der Soldaten und Herrscher (Nepali: Chhetri, Sanskrit: Kshatriya), aus denen sich auch die königliche Familie rekrutiert; die Kaste der Kaufleute, Handwerker und Bauern (Vaishya) und endlich die der Diener, Kriegsgefangenen u. ä., die niedere manuelle Arbeiten ver-richten (Sudra). Hinzu treten die unberührbaren Berufskasten wie Schneider und Musikanten (Damai), Grobschmiede (Kami), Gold-schmiede (Sunnar), Töpfer (Kumhal), Schuhmacher (Sarki) und Straßenkehrer (Pore). Sie werden unter der Bezeichnung Dalit zu-sammengefaßt, begegnen einander aber keineswegs als Gleichwer-tige. Nicht-hinduistische Ausländer wurden früher gelegentlich als »unreine, jedoch berührbare Kasten« oder auch als »Alkohol trinkende Kastenlose« ins System eingeordnet. Zumindest der Zu-tritt zu heiligen Stätten bleibt ihnen auch heute noch manchmal verwehrt.

Wie weit der Einfluß des hinduistischen Kastenwesens – an ei-nem bestimmten Ort, zu einem bestimmten Zeitpunkt – reichte und heute noch reicht, ist ungenügend untersucht und zudem in einem ständigen Wandel begriffen, so daß einzelne Beobachtun-gen und Erfahrungen nicht vorschnell zu Verallgemeinerungen verleiten sollten. Die Nepaler selbst enthalten sich gern einer Stellungnahme, zumal das Kastensystem und damit der Status der Unberührbarkeit bereits mit dem Zivilrecht von 1955 abgeschafft wurde. Die rechtliche Beseitigung der Kasten konnte aber keineswegs den sozialen Status und die politische und wirtschaftliche Macht der Hochkasten gegenüber dem Rest der Bevölkerung aufheben. Die Kasten mögen in Nepal also zwar *de jure*, keineswegs aber *de facto* verschwunden sein.

Allerdings wurden schon unter dem Panchayat-System die sozialen Schichten mit fortschreitender allgemeiner Volksbildung und Mobilität langsam durchlässiger. Den weitaus freieren öffentlichen Raum der Parteiendemokratie nach 1990 hat eine wachsende Zahl benachteiligter Gruppen dazu genutzt, auf sich aufmerksam zu machen und ihre Rechte einzufordern. Zum Beispiel wird bis in die Gegenwart hinein auf verschiedenen Ebenen um die Gleichstellung der Dalits (soviel wie »die Unterdrückten«) gerungen. Die *Lawyers' National Campaign Against Untouchability* (LANCAU) erklärte den Zeitraum 2005–2015 zum »Jahrzehnt der Beseitigung von Unberührbarkeit«.

Neuere Studien haben gezeigt, daß Politiker jedweder Couleur die Abschaffung des Unberührbarenstatus zwar mit Sympathie betrachten, daß es aber nicht zu durchgreifenden gesetzlichen Maßnahmen kommt. Dabei ist wenig tröstlich, daß im benachbarten Indien, das sozial und kulturell in mancher Hinsicht Nepal gleicht, die Unberührbarkeit vor mehr als einem halben Jahrhundert zum strafwürdigen Vergehen erklärt und sogar Parlamentssitze für Dalits reserviert wurden, die alte Praxis aber, wie in Nepal, noch immer in weiten Teilen der Bevölkerung vorherrscht.[30] Es fällt ins Auge, daß immer noch fast alle maßgeblichen nepalischen Politiker – die Maoisten eingeschlossen – den Hochkasten (Bahuns und Chhetris) angehören.

Kennzeichnend für den sozio-ökonomischen Status der Nepaler ist eine **weitverbreitete Armut**, die natürlich nicht losgelöst vom Kastensystem betrachtet werden kann. Zunächst besteht eine erhebliche Diskrepanz zwischen Stadt und Land, wenn auch die Urbanisierung in Nepal mit 14,2 Prozent keinen beängstigenden Umfang erreicht hat. Im Zeitraum 1995/96 lebten 23 Prozent der Städter und 44 Prozent der Landbevölkerung unterhalb der Armutsgrenze, was einen Durchschnitt von 42 Prozent ergibt. Allerdings steht auch die städtische Armut in engem Zusammenhang mit der ländlichen, denn bei den städtischen Armen handelt es sich überwiegend um Zuwanderer vom Lande, die oft kaum überleben könnten, hätten sie nicht noch immer Kontakte zu ihrem Dorf, das sie im Notfall versorgt.

Die dörfliche Armut hat ihre Wurzeln vor allem in den kleinen und durch Erbteilung immer weiter schrumpfenden Kulturflächen je Hof, die Hand in Hand gehen mit einer zunehmenden Verschuldung der Kleinbauern gegenüber den Landbesitzern der hohen Kasten. Es ist zudem mehr freie Arbeitskraft vorhanden, als auf der beschränkten Landfläche produktiv eingesetzt werden kann. Hält man sich vor Augen, daß 1961 eine Anzahl von 308 Menschen auf den Quadratkilometer Kulturland kam, diese Zahl bis 2001 auf 872 anstieg, und daß zudem nur etwa 20 Prozent des Staatsgebietes kultivierbar sind, so wird das Problem der **Bodenknappheit** deutlich.

Eine Erhebung der Nationalen Planungskommission ergab das folgende Bild der Bodenverteilung: Fünfzig Prozent der bäuerlichen Haushalte besitzen im Schnitt jeweils weniger als 0,5 Hektar Ackerfläche und damit insgesamt nur 6,6 Prozent des kultivierbaren Landes; drei Viertel der bäuerlichen Haushalte besitzen im Schnitt unter 1,0 Hektar Ackerfläche und damit zusammen auch nur 17,4 Prozent des kultivierbaren Landes. Es überrascht nicht, daß die Gruppe, die weniger als einen Hektar je Haushalt besitzt, durchweg mit unbewässertem Land auskommen muß. Demgegenüber kontrollieren neun Prozent der bäuerlichen Haushalte mehr als 47 Prozent des kultivierbaren Landes. Deshalb ist festzustellen, daß ein kleines Segment der nepalischen Bevölkerung über den Großteil der Bodenressourcen und der daraus erwachsenden Verdienstmöglichkeiten verfügt.[31]

Landeskenner weisen immer wieder darauf hin, daß eine Anhebung des allgemeinen Lebensstandards, vor allem bei den ländlichen Massen, nur unter einer Bedingung zu erwarten ist: Nicht nur müssen ihre Interessen politisch stärkere Beachtung finden, nicht nur brauchen sie bessere Aufstiegschancen durch Bildung und Gesundheitsdienste, die auch durch eine *de-facto*-Abschaffung des Kastendenkens gefördert würden – sondern vor allem muß es gelingen, den **Fortpflanzungswillen zu zügeln**. Wenn es nicht möglich ist, den jährlichen Bevölkerungszuwachs von 2,3 Prozent wesentlich zu reduzieren, bleiben alle Bemühungen um eine soziale Besserstellung der Massen ein hoffnungsloses Unterfangen.

Kulte und Kulturen

3

Begegnung der Religionen

Die Lage Nepals auf der Scheide zwischen Süd- und Zentralasien, die bereits im Klima, in der Tier- und Pflanzenwelt und in der ethnischen Zusammensetzung seiner Bevölkerung deutlich wurde, spiegelt sich auch religiös-kulturell wider. Die beiden vorherrschenden Religionen sind Hinduismus, aus Indien, und lamaistischer Buddhismus, aus Tibet – in dieser Reihenfolge. Dabei muß gleich betont werden, daß die Grenzen zumal in der Volksreligion fließend sind, auch hin zu schamanistischen und naturreligiösen Praktiken.

Nepal hält sich einiges auf seine religiöse Toleranz zugute. Doch auch die Verfassung von 1990 behielt das Verbot der Konversion und damit der Missionierung bei, das ursprünglich wohl vor allem deshalb erlassen wurde, um den – 1990 ebenfalls fortgeschriebenen – Status des Landes als einziges **Hindukönigreich** der Erde zu schützen. Merkliche Konversionen hin zum Hinduismus waren hingegen in der jüngeren Geschichte leicht zu beobachten. Sie dürften vor allem sozio-ökonomische Gründe haben. So haben sich Volksgruppen wie die Thakali, die ursprünglich eindeutig dem tibetischen Buddhismus zuzuordnen waren, im Lauf weniger Jahrzehnte als Hindus etabliert, weil sie auf diese Weise ihren Status aufwerten konnten und im Wirtschaftsleben eine größere Chance hatten.[32]

Aus diesen Gründen haben sich die Zahlenverhältnisse in den

letzten Zensusperioden eindeutig zugunsten der Hindus und zuungunsten der Buddhisten verschoben. Während nämlich bei der Zählung von 1961 noch 87,5 Prozent Hindus und 9,2 Prozent Buddhisten ermittelt wurden, lauteten die Zahlen beim 1981er Zensus 90 bzw. 5,3 Prozent. Dabei hatten nach der Statistik die Buddhisten nicht nur zahlenmäßig abgenommen, ihr jährlicher Zuwachs war auch, im Gegensatz zu dem der Hindus, zurückgegangen. Kenner der Verhältnisse bezweifeln alle diese Zahlen und vermuten, daß der Anteil der Buddhisten in der Statistik bewußt geringgehalten wurde, und die amtlich mitgeteilten Zählmethoden scheinen diese Auffassung zu bestätigen: War die Muttersprache Nepali oder feierten die betreffenden Personen oder Personengruppen hinduistische Feste, wurden sie ohne weitere Nachprüfung als Hindus registriert. Nach der politischen Wende 1990 brachte der Zensus von 2001 denn auch deutliche Änderungen. Jetzt wurden nur noch 80,6 Prozent zu den Hindus, aber 10,7 Prozent zu den Buddhisten gerechnet. Die Moslems kamen auf 4,2, die Christen auf 0,5 Prozent. Hier sei noch erwähnt: Wer zum Christentum übertritt – und konsequenterweise alle hinduistisch-buddhistischen Riten und Feste als »Götzendienst« verweigern muß – kann aus der traditionellen Gesellschaft herausfallen, mit allen negativen Folgen.

Um das gegenwärtige religiöse Leben Nepals zu verstehen, müssen wir seine Entwicklung über die letzten Jahrhunderte betrachten. Bisher wurde keine eingehende Geschichte der Religionen und ihrer wechselseitigen Beeinflussung in Nepal geschrieben. Einige historische Daten, zusammen mit Vermutungen von großer Wahrscheinlichkeit, ergeben dennoch ein grobes Bild der religiösen Vergangenheit.

Unsere mangelhafte Kenntnis von den frühen Formen menschlichen Zusammenlebens auf dem Gebiet des heutigen Nepal schließt selbstverständlich und besonders das Geistesleben der ersten Bewohner des Himalaya ein. Wir dürfen aber vermuten, daß die Volksgruppen, die das Gebirge vor 3000 Jahren bewohnten, eigene transzendente Vorstellungen in Gestalt von **Naturreligionen**, Ahnenverehrung und Geisterglauben hatten, sind solche in den kaum zu überschauenden Sitten und Riten der (inzwischen als Hindus oder Buddhisten ausgewiesenen) Nepaler doch auch heute noch reichlich zu finden. Es ist ferner anzunehmen, daß der Hinduismus – der sich im nördlichen Indien etwa ab 1500 v. Chr. aus dem Brahmanismus und der von den Ariern mitgebrachten vedischen Religion entwickelte, unter den Gupta-Kaisern in der ersten Hälfte des ersten Jahrtausends n. Chr. zu höchster Blüte kam und sich weit über das heutige Indien bis nach Bali ausdehnte – mit Händlern, Einwanderern und durch politische Beziehungen auch in die kleinen Fürstentümer des Himalaya vorgedrungen ist. Besonders in der Zeit der Somabansi-Dynastie zwischen 200 und 400 n. Chr. soll der Hinduismus samt Kastenwesen auf dem heutigen nepalischen Staatsgebiet an Boden gewonnen haben.[33] Dabei wurde je nach Zeit und Ort unterschiedlichen Göttern aus dem umfangreichen Pantheon des Hinduismus besondere Verehrung zuteil.

Für Nepal ist Shiva seit jener Zeit als Schöpfergott von besonderer Bedeutung, und **Pashupatinath**, der Haupttempel des Landes nahe der Hauptstadt, ist ihm geweiht. Über den Ursprung dieser Kultstätte – er soll im 1. Jahrhundert n. Chr. liegen – ist nichts mit Sicherheit bekannt. Zu Anfang des 7. Jahrhunderts, zur Zeit König Amshuvarmans, wird Pashupati als einer Erscheinungsform Shivas die Rolle einer Patronatsgottheit der nepalischen Herrscher zugesprochen, die sich in der Gegenwart zur Funktion einer Staatsgottheit entwickelt hatte. Pashupati wird in vielen Dokumenten als

14 Shiva-Lingams in der Pashupatinath-Tempelanlage. Indem die Frauen die Phallusfiguren berühren, beten sie um die Erfüllung ihrer Wünsche.

Oberherr von Nepal angeredet.[34] Sein Tempel ist ein Kristallisationspunkt früher nepalischer Geschichte. An einem Zufluß der Ganga, der Bagmati, gelegen, übertrifft er an Heiligkeit alle anderen Hindutempel des Landes, und das Betreten seines Inneren ist bis heute nur Hindus gestattet. Im Jahre 879, unter der Regentschaft des Königs Raghave Dev, wurde an diesem Tempel eine neue Zeitrechnung eingeführt. Sie heißt »Nepal-Sambat« (besser: »Newar-Sambat«) und wird von der Volksgruppe der Newars noch heute beachtet. Dementsprechend wird auch ein newarisches Neujahr gefeiert (*siehe Anhang »Zeitrechnung und Maßeinheiten«*).

Nun entstand in demselben Raum, in dem sich der Hinduismus ausbreitete, eine Reformbewegung, der Buddhismus. Der historische Buddha wurde als **Siddhattha Gotama** (wie er in der damals verbreiteten Pali-Sprache hieß) im Mai 563 v. Chr. nahe dem Ort Lumbini geboren, der heute nur wenige Kilometer nördlich der indischen Grenze auf nepalischem Staatsgebiet liegt. Siddhatthas Vater war Suddhodana Gotama aus dem Stamm der Sakiya, Raja (Präsident) der kleinen Sakiya-Republik mit der Hauptstadt Kapilavatthu. Ihr Name lebt bis heute im nepalischen Tarai-Distrikt von Kapilvastu weiter.[35]

Im Alter von 29 Jahren verließ Siddhattha (auf Sanskrit und Nepali: Siddhartha Gautama) sein Elternhaus und seine Familie. Als Wanderasket suchte er sieben Jahre lang nach Einsicht in das Wesen des Daseins und seine Überwindung. Danach verkündete er »vier Wahrheiten«, die sich mit dem Leiden als Folge von Begierde befassen, und den »achtfaltigen Weg«, der zur Überwindung des Leidens führt. Dies war im eigentlichen Sinne keine neue Religion, sondern eher eine atheistische Weltanschauung. Es ist erstaunlich, was aus dieser Lehre, die offensichtlich nur für eine geistige Elite zugeschnitten war, im Lauf der Zeit geworden ist.

Der Buddha als historische Person und seine ursprüngliche Lehre traten jedenfalls immer mehr in den Hintergrund. Seine Philosophie und die Bruderschaft, die sich um ihn gebildet hatte, wurden zum Ausgangspunkt einer neuen Religion mit Dogmen, Riten und Hierarchien, die sich in verschiedene Sekten spaltete. Während sich der Hinayana-Buddhismus (»kleines Vehikel« im Sinne von Hilfsmittel), der der ursprünglichen Lehre noch am nächsten blieb, in Sri Lanka und Südostasien durchsetzte und bis heute erhielt, entwickelte sich der Mahayana-Buddhismus (»großes Vehikel«) im Norden und Nordosten des indischen Subkontinents und nahm dabei Elemente an, die dem historischen Buddha mit Sicherheit fremd gewesen wären. Mit diesem nördlichen Buddhismus, der enge Verbindungen zum Hinduismus einging, auf dem Weg über Tibet neue lamaistische Aspekte erhielt und durch tantrische Attribute die Form des Vajrayana-Buddhismus (»Diamant-Vehikel«) annahm, haben wir es in Nepal weitgehend zu tun.

Die buddhistische Religion soll Nepal in der Zeit der Kiranti-Dynastie erreicht haben, die bis ins 2. Jahrhundert reicht. Der Buddha selbst ist auf seinen Wanderungen mit Sicherheit nicht in die nepalische Bergwelt gekommen. Verbreitung hat seine Lehre besonders durch das Engagement des indischen Kaisers Ashoka (ca. 272–236 v. Chr.) gefunden, der auch **Lumbini** besuchte. Die Steinsäule, die er dort hinterließ, ist heute noch zu besichtigen. Ob er jemals das Mittelgebirge Nepals und das Tal von Kathmandu besucht hat, und ob gar die vier heute noch erhaltenen Stupas in der Stadt Patan (Lalitpur) auf ihn zurückzuführen sind, wie die Legende berichtet, ist sehr zweifelhaft. Überhaupt ist die Datierung des frühen Buddhismus in Nepal schwer, denn die Ursprünge der beiden großen Heiligtümer, die Stupas von Swayambhunath und Bodhnath, sind in mystisches Dunkel gehüllt. Sollte, wie angenommen wird, **Swayambhunath** über 2000 Jahre alt sein, so wäre es das früheste buddhistische Monument in Nepal. Das würde sich mit der Auffassung decken, der Buddhismus sei durch oder auf Betreiben von Kaiser Ashoka um 250 v. Chr. in Nepal eingeführt oder doch wiederbelebt worden.

Im 8. Jahrhundert n. Chr. gelangte die tibetische Form des Buddhismus, eine Mischung aus Tantrismus und Bön-Religion, von Norden her nach Nepal. Daraufhin entwickelte sich die riesige Stupa-Anlage von **Bodhnath** (Bauddhanath, Bauddha), die auf einer Hochfläche im Nordosten Kathmandus liegt, zum religiösen Zentrum der Tibeter in Nepal. Sie wurde wahrscheinlich von nepalischen Buddhisten begründet, doch begünstigt durch ihre Lage an einem alten Handelsweg nach Tibet wurde sie zu Nepals bedeutendstem buddhistischem Pilgerort nach Lumbini. Für die buddhistischen Newars hat Bodhnath, im Gegensatz zu Swayambhunath, keine große Bedeutung. In den letzten Jahrzehnten hat sich das Stadtviertel zum Sammelpunkt für tibetische Flüchtlinge entwickelt, die hier ihre Siedlungen und Teppichmanufakturen errichteten. Die Instandhaltung des Heiligtums wird in der Regel von Lhasa getragen, von wo auch gelegentlich Mittel und religiös-fachlicher Beistand bei Renovierungsarbeiten in Swayambhunath kamen.

Zunächst aber trugen nepalische Einflüsse entscheidend zur Verbreitung des Buddhismus in Tibet bei. Der ehrgeizige tibetische König Songtsen Gampo (ca. 617–649), Gründer der Stadt Lhasa und Schöpfer eines großtibetischen Königreiches, wollte seinem im Geisterglauben befangenen Volk eine höhere Religion schenken. Außer seinen zahlreichen tibetischen Gattinnen heiratete er, auch aus politischen Gründen, die chinesische Prinzessin Wencheng – und Bhitikuti, die Tochter von König Amshuvarman (ca. 588–643), der damals im Nepal-Tal herrschte. Beide Frauen waren fromme Buddhistinnen, brachten religiöse Bücher mit nach Lhasa und errichteten die ersten buddhistischen Schreine auf tibetischem Boden. Als »Grüne Tara« (Bhitikuti) und »Weiße Tara« (Wencheng) leben die beiden Prinzessinnen in der Glaubenswelt Tibets fort. Adel und Untertanen blieben jedoch lange passiv und hingen weiter der überlieferten schamanistisch-dämonistischen Bön-Religion an.[36] Später rief König Thrisong Detsen (742–798) berühmte buddhistische Lehrer aus Indien nach Tibet, unter ihnen Santaraksita und Padmasambhava. Diesen gelang es weniger, die Bön-Religion auszutilgen, als vielmehr einige ihrer Elemente in den Mahayana-Buddhismus zu integrieren und auf diese Weise sogar die Bön-Priesterschaft für die neue Religion zu gewinnen. In der Folge sollten Tantrismus und Lamaismus auf Nepal zurückwirken.

Wir haben schon darauf hingewiesen, daß unter den verschiedenen Herrschern Hinduismus und Buddhismus abwechselnd an Bedeutung gewannen oder verloren. Dabei ist jedoch insgesamt ein deutlich zunehmender Einfluß des Hinduismus zu beobachten. Während beide Religionen durchaus über lange Zeitspannen friedlich zusammenlebten, wird doch immer wieder von Zeiten der Unterdrückung einer der beiden und Vertreibung oder Zwangskonvertierung ihrer Anhänger berichtet. Das populäre Geschichtsverständnis in Nepal geht aber davon aus, daß das Zusammenleben der Religionen immer friedlich verlaufen sei. »Sollte dies stimmen«, schreibt Wiesner, »so wäre Nepal eine gänzlich singuläre Erscheinung in dieser Welt«,[37] und man würde den Umstand übersehen, daß der Hinduismus fast immer die Religion der Invasoren, Eroberer und Herrscher war.

15 Buddhisten aus der Volksgruppe der Tamangs befestigen tibetische Gebetsfahnen an einem Bodhi-Baum (*Ficus religiosa*) in Lumbini.

Das nahezu problemlose Zusammenleben dieser beiden Religionen heute dürfte daran liegen, daß der nepalische Buddhismus
im Lauf der Zeit Formen angenommen hat, die mit der ursprünglichen Lehre nicht mehr viel zu tun haben, daß sich auch die buddhistische Bevölkerung bereits vor Jahrhunderten in ein Kastensystem
hat gliedern lassen und daß Hinduismus und Buddhismus in Nepal durch den Tantrismus zu einer Art **Synkretismus** fanden. Zum
Beispiel gilt Gautama Buddha den Hindus mythologisch als die
neunte Inkarnation Vishnus. Die vorherrschende Volksreligion äu-
ßert sich ohnehin durchgängig in kleineren und größeren Anbe-
tungsritualen (*puja*), vornehmlich mit der Hilfe von Farbpulver
(*tika*) und weiteren Opfergaben. Das Göttliche tritt dabei in einer so unüberschaubaren Fülle von oft lokalen Erscheinungen und
Glaubensvorstellungen auf, daß eine Abgrenzung zwischen »eigenen« und »fremden« Göttern völlig willkürlich erscheinen müßte.
Das erklärt, warum die meisten heiligen Stätten des Landes von
den Angehörigen beider Religionen respektiert, die meisten ihrer
jeweiligen Feste gemeinsam gefeiert werden und warum die Trennung in Hinduismus und Buddhismus von vielen Befragten gar
nicht recht verstanden wird.

Es mag überraschen, nicht nur im Tarai, sondern auch in
Kathmandu Moscheen zu finden, und zu erfahren, daß die Regie-

rung Mittel für Pilgerfahrten nach Mekka zur Verfügung stellt,[38] denn die Zahl der Moslems nepalischer Nationalität beträgt nur eine knappe Million oder gut vier Prozent (2001). Die Bedeutung des Islam in Nepal ist in der Tat eher marginal. Vielmehr löste die islamische Eroberung Nordindiens im 13. Jahrhundert einen Zustrom vor allem von Hochkasten-Hindus ins Himalaya-Bergland aus und führte somit zu einer verstärkten Hinduisierung auf dem heutigen nepalischen Staatsgebiet. Während die moslemischen Herrscher im westlichen Himalaya zum Beispiel das Tal von Kashmir nachhaltig einnehmen konnten, blieb ihr Vorstoß nach Kathmandu ohne religiöse Folgen. Zwar plünderten und brandschatzten die Truppen des Sultans von Bengalen, Shams ud-Din Ilyas, im Jahr 1346 die Städte des Tals und zerstörten die Heiligtümer Swayambhunath, Pashupatinath und Bodhnath wenigstens teilweise; sie zogen sich aber, wohl angesichts des passiven Widerstands der Bevölkerung, wieder zurück. In Nordindien hingegen zerstörte die moslemische Eroberung die Zentren des Buddhismus und drängte den Hinduismus zurück.[39] So waren die Anhänger dieser Religionen in Nepal auf sich selbst gestellt und wußten ihre traditionelle Kultur zu erhalten. Erst 2004, als zwölf nepalische Gastarbeiter im Irak von Militanten als Geiseln genommen und ermordet wurden, kam es als Fernwirkung des Irak-Krieges kurzfristig zu Feindseligkeiten gegenüber Moslems.

Ein Versuch, die **räumliche Verteilung** der drei Hauptreligionen in Nepal festzustellen, kommt zu folgendem Ergebnis. Die Konzentration der Moslems im Tarai ist offensichtlich und naheliegend, aber es gibt auch kleine moslemische Kolonien im Mittelgebirge, zum Beispiel in den Tälern von Kathmandu und Pokhara. Der Anteil der Buddhisten an der Gesamtbevölkerung ist in der nördlichen Gebirgszone und in denjenigen Distrikten am höchsten, wo Tamangs, Gurungs, Sherpas und buddhistische Newars stark vertreten sind. Grundsätzlich aber stellen die Hindus in jedem Distrikt die überwältigende Mehrheit, und der erwähnte Mischungs- und Anpassungsprozeß der Religionen geht überall weiter. In den letzten Jahren zeigt sich eine deutliche Zunahme von buddhistischen Symbolen im Tarai, was neben der Liberalisierung auch auf die Abwanderung der Bergbevölkerung zurückgeführt werden kann.

»Die weitverbreitete Bewegung der Brahmanen,« schrieb der bedeutende nepalische Ethnologe Dor Bahadur Bista, »hat viele

16 Die Kumari von Patan wartet vor ihrem Kloster auf den jährlichen Machhen-
dranath-Umzug, bei dem auch sie angebetet wird. Die Kumaris werden von den
hinduistischen Newars als »lebende Göttinnen« verehrt, entstammen selbst
aber den buddhistischen Newar-Kasten.

ursprünglich nicht-hinduistische Gruppen auf dem Weg über
das brahmanische Ritual beeinflußt. Eine Mehrheit der Magars,
sehr viele Gurungs und nahezu alle Sunwars, viele Rais, Limbus,

Tharus und Danuwars haben soziale Wertmaßstäbe, Kasteneinstellung, Heiratsprozeduren und dergleichen von den Brahmanen übernommen ... Die wirtschaftliche Vorherrschaft der Brahmanen und Chhetris praktisch im ganzen Land, außer in einigen sehr entlegenen Gebieten oder an Orten, wo die Lebensverhältnisse unzumutbar sind, steht außer Frage. Da wirtschaftlicher Erfolg in einer gänzlich agrarischen Gesellschaft auf Landbesitz und dem Geldverleihen an Bauern beruht, ist eine wirtschaftliche Interdependenz absolut erforderlich. Dies führt dann auch zu gegenseitigem Verstehen und zur Imitation gewisser Gewohnheiten«.[40]

Sitten und Gebräuche

Es kann nicht überraschen, daß dieser bemerkenswerte religiöse Hintergrund nachhaltig auf die Erscheinungsformen der geistigen und materiellen Kultur Nepals zurückwirkt. Dabei ist es nicht immer einfach, bestimmte Verhaltensweisen eindeutig bestimmten religiösen Vorschriften zuzuordnen, zumal neben den genannten Großreligionen ungezählte Vorstellungen von Geistern und Dämonen aus früherer Zeit, die auch in Nepal offen als Aberglaube bezeichnet werden, das Verhalten der Menschen mitbestimmen.

Für den Reisenden und zeitweiligen Bewohner ist es schwer, diese Seite der geistigen Kultur zu begreifen, und viele Fehlschläge und Mißverständnisse sind darauf zurückzuführen, daß der Fremde die Regeln des nepalischen Zusammenlebens nicht kennt, ihm vieles trotz Bemühens verschlossen bleibt und ihm häufig ohnehin jedes Verständnis für die zugrundeliegende Denkungsart fehlt.

Das mögen einige Beispiele erläutern – wobei anzumerken ist, daß sich die Beschreibungen und Erklärungen in Reiseführern gelegentlich widersprechen und von nepalischer Seite entweder kein Wert auf eine genaue Interpretation gelegt wird oder selbst dort Unklarheit besteht. » Das war schon immer so «, ist eine gängige Erklärung, mit der sich die Betroffenen in der Regel zufrieden geben, während die Neugierde des Fremden unbefriedigt bleibt. Hinzu kommt, daß im Vielvölkerstaat Nepal die Verhaltensweisen von Gruppe zu Gruppe oft variieren, obwohl auch hier gesagt werden kann, daß der Verhaltenskodex des Hinduismus immer weitergehend adaptiert wird. Es möge hier genügen, grob zwischen den nördlichen, nach Tibet hin orientierten und den südlichen, nach Indien hin orientierten Gruppen zu unterscheiden, die in ihren Verhaltensweisen – etwa bei der Gattenwahl, aber auch hinsichtlich Kleidung, Wohnung und Eßgewohnheiten – grundsätzlich verschieden sind.

Daß der **Handschlag**, vor allem das kräftige Händeschütteln, den Nepalern im Grunde fremd ist, wird der Besucher sehr schnell begreifen. Bei der traditionellen Geste, die mit den Worten »Namaste« òder »Namaskar« einhergeht, legt der Grüßende seine Handflächen vor Brust oder Gesicht aneinander. Dies kommt zweifellos gewissen Berührungstabus entgegen. Freunde fassen einander anschließend oft noch zart an den Händen oder Fingern an. Dies sollte sich der Ausländer in Erinnerung rufen, den der »lasche« Handschlag eines einheimischen Gegenübers irritiert.

Daß man das Haus nicht mit **Schuhen** betritt, ist uns so fremd nicht und darüberhinaus verständlich, wenn man bedenkt, daß sich das Leben in vielen Fällen noch auf dem Fußboden abspielt. Sitzmöbel sind eine relativ junge Einrichtung, und sie ersetzen erst nach und nach die Strohmatten. Aber auch hier sind starke Unterschiede zwischen verwestlichten, städtischen Nepalern, zumal der gehobenen Schicht, und der einfachen Landbevölkerung unübersehbar.

Vollkommen tabu bleibt aber die **Küche**, besonders bei den Hochkasten. In traditionellen Stadthäusern befindet sie sich ohnehin schwer zugänglich im Dachgeschoß. Hier bestimmt die Kastengesellschaft mit den Reinheitsgeboten und den Nahrungsverordnungen noch deutlich das Bild. Ein praktizierender Hindu wird niemals Speisen annehmen, die vom Angehörigen einer niedrigeren Kaste zubereitet oder auch nur berührt wurden. Als Köche kommen in traditionellen Hinduhaushalten daher nur Brahmanen in Frage. Früher machte auch die Begegnung mit einem Ausländer in dessen oder gar im eigenen Haus und die Berührung seiner Speisen und Getränke zeit- und kostenaufwendige Reinigungszeremonien durch den Priester erforderlich. In jedem Falle sind gesellschaftliche Begegnungen unter freiem Himmel, etwa im Garten oder einem Restaurant bei einem Getränk aus der Flasche, am wenigsten problematisch. Dies alles gilt natürlich nur bei strengläubigen Hindus, aber man täusche sich nicht: Auch der sich westlich

17 In den traditionellen Gesellschaften Nepals widmen gerade Männer (hier in der Newar-Ortschaft Bungamati), deren Arbeitslast oft geringer ist als die der Frauen, einen großen Teil ihrer Zeit der Geselligkeit und den zahlreichen sozialen Verpflichtungen.

gebende Nepali, der Whisky trinkt und bei Tische ungeniert zulangt, mag anschließend zum Priester gehen.

Zu diesen Vorschriften treten, wiederum vor allem bei den Hochkasten, zahlreiche **Ernährungstabus**, die äußerst kompliziert sind, und vor denen wir oft verständnislos stehen. Daß die Hindus kein Rindfleisch essen, ist allgemein bekannt. Viele von ihnen sind Vegetarier, andere wiederum essen das Fleisch von Schweinen, Schafen, Ziegen und Büffeln. Einige berühren nicht einmal Zwiebeln, Knoblauch und Schnittlauch oder Pilze und Tomaten. Der Genuß von Hühnern und Eiern unterliegt zahlreichen Tabus. Diese und andere Speisevorschriften richten sich häufig nach der Kaste, dem Alter, dem Familienstand, der Jahreszeit und dergleichen.

Neben den Verhaltensweisen und Tabus der Nepaler, die der Fremde zwangsläufig zur Kenntnis nimmt, gibt es unzählige andere, auf die er nur durch Zufall oder niemals stoßen wird. Wer erfährt schon, daß man beim Schlafen nicht mit den Füßen nach Süden liegen soll; daß die Frau niemals den Namen ihres Ehemannes aussprechen, daß man abends nicht den Boden des Hauses fegen, daß man in einem Haus niemals pfeifen darf? Viele dieser Regeln haben mystische Ursprünge, die man nur vermuten kann. Bei Ge-

18 An Dasain-Tika gibt das höchstrangige Familienmitglied den Segen der Göttin Durga an die Verwandten weiter. Hier bekommt der Enkel einen Tika (rote Farbpaste mit Reiskörnern) auf die Stirn, Gerstensprossen, die er hinters Ohr steckt, gesegnete Fruchtstücke und einen frischen Fünf-Rupien-Schein.

sellschaften soll man niemals einen leeren Teller auf dem Tisch zurücklassen oder ihn in die Küche tragen, weshalb alle Gäste ihre abgegessenen Teller unter dem Tisch stapeln; man wird vermeiden, Geld in einer Summe zu bekommen, die auf eine Null endet; kommen Menschen zusammen, so vermeiden sie, zu dritt zu sein; man wird niemals etwas nur mit der linken Hand, sondern besser mit der rechten, am besten mit beiden Händen zureichen …

Besonders heikel sind die traditionellen Regeln, wenn man **verreisen** will. Der in Nepal tätige Ausländer wundert sich und ist oft ungehalten wegen der Schwierigkeiten, eine Reisegruppe aus Nepalern endlich in Gang zu bringen. Vor zehn Uhr morgens spielt sich in der Regel auch im Feld nichts ab. Dabei sind die meisten Nepaler beileibe keine Langschläfer. Zwar ist bei einheimischen Arbeitgebern meist erst um zehn Uhr Dienstbeginn, aber die Zeit davor benötigt man schon allein dazu, um die morgendliche Reismahlzeit zu kochen und zu essen. Für den Reisebeginn wurde traditionell der Astrologe nach einer günstigen Zeit befragt, wobei das Arbeitsprogramm des Ausländers keine Rolle spielte, und man sollte möglichst nicht an einem neunten Tag oder an einem Dienstag zurückkommen. War es unvermeidlich, an einem solchen Tag

79

an den Heimatort zurückzukehren, so half sich der gläubige Hindu, indem er eine Nacht bei einem Freund blieb und erst am zehnten Tag bzw. am Mittwoch zu seiner Familie ging.[41]

Daß das weibliche Rind – die **Kuh** als Muttersymbol – im Hinduismus hohe Verehrung genießt, dürfte bekannt sein. Im Gegensatz zu vielen indischen Unionsstaaten besteht in Nepal ein striktes Kuhschlachteverbot, was aber, wie zu hören ist, nicht ausschließt, daß man beispielsweise im Tarai nutzlose, alte Tiere interniert und sterben läßt; dem steht allerdings die Existenz eines Kuhsanatoriums im Kathmandu-Tal entgegen, wo alte Tiere gepflegt werden. Auch die unbeabsichtigte Tötung einer Kuh, etwa im Straßenverkehr, hat für Nepaler schwere Konsequenzen; aber auch Ausländer sollten sich vor einem solchen Delikt hüten.

Die religiös-kultischen Verpflichtungen, die jedem Hindu und Buddhisten auferlegt sind, schlagen sich nicht nur in den schon erwähnten täglichen Ritualen (*puja*) nieder, sie haben auch dazu geführt, daß Nepal unter den Ländern der Erde wahrscheinlich die meisten **Feste** hat. Vor Eintritt in die Moderne, also zu Ende des Rana-Regimes um 1950, soll es in Nepal alljährlich rund 150 Feiertage gegeben haben; es war also praktisch jeder zweite Tag ein Festtag. Dieser Festekalender wurde damals gründlich durchforstet, und im Mondjahr 1986/87 hatte sich die Zahl der anerkannten Feiertage bereits auf 73 verringert, und nur an dreißig und einem halbem davon blieben die Regierungsbüros geschlossen. Im Mondjahr 2005/06 waren nur mehr zwanzig solche »öffentlichen Feiertage« anerkannt (*siehe Feiertagsliste im Anhang*).

Hinzu kommen allerdings Feste, die sich spontan ergeben. So war es Sitte, daß die Beamten an der Straße zum Flughafen Spalier standen, wenn der König auf Reisen ging oder zurückkehrte. Die offiziellen Feste werfen zudem ihre Schatten voraus und sind mit dem betreffenden Tag keineswegs beendet. Festkomitees werden gegründet, Triumphbögen errichtet, Girlanden aufgehängt und allerlei Umzüge, Empfänge und sonstige Veranstaltungen organisiert, so daß alljährlich zusätzlich viele Arbeitsstunden den Festen zum Opfer fallen. Die Presse berichtet tagelang und ausführlich darüber.

Neben den offiziellen Feiertagen politischen, historischen, und vor allem religiösen Inhalts gibt es nach wie vor Feste, die nur die Angehörigen der großen Religionen, bestimmter Volksgruppen,

Kasten, Organisationen oder Familien begehen. Die Verheiratung der Newarmädchen im Alter von vier bis sechs Jahren mit einem Gott, die Verleihung der »heiligen Schnur« an junge Hochkastenmänner (*janai purnima*), die Ehrung älterer Familienmitglieder – all das erfordert viel Zeit und bringt oft erhebliche Geldausgaben mit sich, aber der Sitte wird mit aller Inbrunst gefolgt. Eigentlich ist immer *puja*, auch wenn man es als Außenstehender nicht merkt. »Viele tägliche kleine Zeremonien,« schreibt die ausgezeichnete Nepalkennerin Annemarie Spahr, »sind für uns kaum als *puja* erkennbar, so z. B. die Geste, mit der man zuerst einer toten Seele zu essen gibt, ehe man selbst ißt ... *Puja* können Sekunden oder Minuten, aber auch mehrere Stunden oder Tage dauern«.[42]

Im Zuge der unausweichlichen **Verwestlichung** beginnen vor allem jüngere Nepaler, die im Ausland waren und andere Lebensgewohnheiten kennengelernt haben, am Sinn vieler ihrer Sitten zu zweifeln. Gegen manches Überkommene wehren sie sich öffentlich, sind aber bereit, nützliche Traditionen fortzuführen. Viele der alten Sitten bestehen zwar fort, wandeln sich jedoch und passen sich den neuen Gegebenheiten an. An einigen Grundvorstellungen aber wird man wohl noch lange nicht rütteln. So wird die Geburt eines Knaben besonders begrüßt, und Riten anläßlich der Geburt, der Namensgebung, der ersten Reisfütterung, des ersten Haarschnitts, von Heirat und Tod dürften kaum je an Bedeutung verlieren. Priester und Astrologen, die das Horoskop stellen, werden auch in Zukunft bei vielen Nepalern hohe Achtung genießen.

Das Kastenwesen ist offiziell abgeschafft und die Unberührbarkeit aufgehoben, aber die **soziale Schichtung** wird vielfach immer noch als gottgewollt angesehen. Es ist unschicklich, jemanden nach seiner Kaste zu fragen, aber Familienname, Aussehen und Auftreten geben ohnehin oft deutlich Auskunft darüber. Kümmert man sich als Fremder aus einem europäischen Sozialgefühl heraus gerade um Angehörige niederer Kasten oder Schichten, so kann man leicht auf Widerstand bei allen anderen stoßen und nicht zuletzt die Betroffenen verlegen machen. Angehörige von Hochkasten, die sich für die Benachteiligten einsetzen, müssen damit rechnen, geächtet zu werden.[43] Dennoch: Wie überall auf der Welt ist auch in Nepal die Tradition in Bewegung geraten, und man findet immer mehr Gegenbeispiele zu dem hier Beschriebenen.

Tempel und Klöster

Das eindrucksvollste Erlebnis der materiellen Kultur Nepals, das auch bei einem Drei-Tage-Touristen im Tal von Kathmandu unvergeßliche Impressionen hinterlassen dürfte, sind die hinduistischen und buddhistischen Sakralbauten, zusammen mit den verbliebenen traditionellen Wohnhäusern der Newars. Die herausragende Architektur der Paläste und Pagoden in Nepal, von der bereits chinesische Reisende im 7. Jahrhundert berichteten, fiel den brandschatzenden Moslems zum Opfer, die in der Mitte des 14. Jahrhunderts das Tal heimsuchten. Die älteste Bausubstanz, die man heute in den Städten des Tals vorfindet und bewundern kann, entstand nahezu ausnahmslos nach 1350. Der kulturelle Wettbewerb zwischen den Malla-Königen, über den schon berichtet wurde, führte dazu, daß die Städte des Tals, allen voran Kathmandu, Patan und Bhaktapur, aber auch kleinere Orte wie Kirtipur, Chobhar, Pharping, Panauti und zahlreiche Tempelbezirke außerhalb der Städte wahre Schatzkammern an sakralen, aber auch an profanen Bauten wurden. In den 1960er Jahren, als es kaum Autos und nur einzelne Touristen gab, fühlte man sich in den Zentren dieser Orte buchstäblich in eine versunkene Zeit zurückversetzt.

Nun waren die architektonischen Schätze des Tals über die Jahrhunderte hinweg ständig **durch Erdbeben bedroht**, denn das Land liegt auf einer der bedeutendsten Störzonen der Erde. Hinzu kommt, daß das Baumaterial, dessen sich die Nepaler seit Menschengedenken bedienen, nicht geeignet ist, um Bauwerke für die Ewigkeit zu errichten. Holz und Ziegel sind die Baugrundstoffe, wobei allerdings des teuren Brennholzes wegen nur die Außenfassaden aus gebrannten Ziegeln gebaut und mit luftgetrockneten Lehmsteinen hintermauert wurden, aus denen meist auch die Innenmauern bestehen. Als Mörtel und zum Verfugen wurde auch nur Lehm benutzt; zudem wurde unter den Dachziegeln eine isolierende Lehmschicht angebracht. Feuchtigkeit, Fäulnis und Insektenfraß führten zu einem relativ raschen Verfall dieser Bauwerke und verlangten eine periodische Erneuerung der Holzelemente. Die Verfugung mit Lehm förderte zudem den Pflanzenwuchs in den Spalten des Bauwerks, so daß die Wurzeln oft die Mauern sprengten und die Gebäude dem Einsturz nahe brachten. Noch heute findet man Gras, Kräuter, Gestrüpp und selbst kleine Bäume, die aus den Mauerritzen der Häuser oder zwischen den Dachziegeln herauswachsen, und mancher kleine Tempel oder Schrein wird von den Pflanzen förmlich in seine Einzelteile zerlegt.

Das erklärt zum Teil den beklagenswerten Zustand vieler Sakralbauten im Kathmandu-Tal. Die UNESCO, die eine Bestandsaufnahme der Schäden unternahm, veranschlagte eine Summe von 6,4 Millionen US-Dollars, um nur die fünf wichtigsten Gebäudekomplexe des Tals im Lauf von fünf Jahren zu restaurieren.[44] Auch wenn man sich bei Restaurierungsarbeiten etwa in der Stadt Bhaktapur mit technischer und finanzieller Hilfe aus Deutschland um Dauerhaftigkeit bemüht, bleiben noch immer Erdbeben (wie 1934) und extreme Unwetter (wie 1988), die auch solche Arbeit zerstören können.

Dennoch hat sich Nepal und vor allem das Tal von Kathmandu als **Schatzkammer** oder Schutzgebiet für jene architektonischen Erscheinungsformen erwiesen, die in Indien nahezu völlig verschwunden sind oder sich stark verändert haben. Denn obschon man sich in Nepal zugute hält, diese oder jene Stilrichtung eigenständig entwickelt zu haben, sind sich doch Kenner der Materie darin einig, daß man im wesentlichen die Bauformen Indiens übernommen, wenn auch teilweise weiterentwickelt hat. Selbst die in Nepal als eigenständige Leistung gepriesene Pagode – der hölzerne Tempelturm – hat es nach Auffassung von Kennern der indo-nepalischen Kunst bereits im 2. Jahrhundert in großer Zahl in Indien gegeben. Sie sind allerdings alle im Lauf der Zeit Erdbeben und Blitzschlägen zum Opfer gefallen.[45]

Während das Mittelgebirge und das Tal von Kathmandu überwiegend Sakralbauten indischen Ursprungs besitzen, findet man in den nördlichen Grenzgebieten und in den Tälern des Hochgebirges tantrisch-lamaistische Kultgebäude tibetischer Herkunft – wobei natürlich zu berücksichtigen ist, daß auch diese Bauweisen mit dem Buddhismus aus Indien über Nepal nach Tibet gelangten, bevor sie, oft in reichlich veränderter Form, nach Nepal zurückkehrten.

Die ältesten Kultbauten auf nepalischem Boden sind zweifellos die sogenannten Ashoka-Stupas von Patan, und wenn es auch sehr zweifelhaft ist, ob man sie wirklich ins dritte vorchristliche Jahrhundert zurückdatieren darf, so ist ihr Alter doch beträchtlich. Der ursprünglich aus Indien stammende **Stupa** bestand aus einer halbkugelförmigen, an der Basis durch Mauerwerk befestigten Erdauf-

19 Drei religiöse Baustile in Swayambhunath: Im Vordergrund ist das Dach
eines Pagodentempels zu sehen, im Hintergrund links und rechts je ein Shi-
khara-Tempelturm und dazwischen das eigentliche Heiligtum, der Stupa.

schüttung, an deren Fuß sich Tore in die vier Himmelsrichtungen
öffneten, und trug an der höchsten Stelle einen gemauerten, quadratischen Behälter (*harmika*), der wiederum von einem Mast mit
drei Schirmen überragt wurde. Der nepalische Stupa hat mancher-
lei Formwandel erfahren. Der westliche und der südliche Stupa
in Patan besitzen heute einen zusätzlichen, tempelförmigen Aufbau, und die vier Tore sind kleine Kapellen mit Buddhabildern.
Es hat sich in Nepal auch eine ganz neue Form entwickelt, deren
eindrucksvollste Vertreter die Stupas von Chabahil, Swayambhunath und Bodhnath sind. Hier ist der halbkugelförmige Tumulus
gemauert und weiß getüncht und wird von einem quadratischen
Turm gekrönt, der wiederum von einem dreizehnstufigen, nach
oben sich verjüngenden Stufenaufbau mit einem goldenen Schirm
an der Spitze überragt wird. Von den Seiten des kastenförmigen
Turmes blicken Augenpaare in alle vier Himmelsrichtungen. Der
Stupa, ursprünglich ein aus Erde aufgeschütteter Grabhügel, hat in
Nepal die Form eines regelrechten Bauwerks erhalten und sich im

Lauf der Jahrhunderte, nicht ohne stilistische Veränderungen, über das ganze buddhistisch-lamaistische Zentralasien bis hinauf in die Mongolei verbreitet.

Ganz anders vollzog sich die Entwicklung des nepalischen **Shikhara-Tempelturms**. Seine Urform, die sich in der Zeit nach der nordindischen Gupta-Dynastie (4. bis 6. Jahrhundert) herausgebildet hat, ist ein mächtiger, aus behauenem Stein errichteter und oft mit Ziegelwerk oder Putz abgedeckter Turm mit großen konvexen Seitenflächen, wie er etwa in Khajrao (Madhya Pradesh) oder besonders reich in Bhuvaneshwar (Orissa) in Indien zu besichtigen ist. Solche reinen, von allen Seiten zugänglichen Shikhara-Türme sind in Nepal selten. Die besten Beispiele dafür sind etwa der Mahabuddha-Turm in Patan – interessanterweise ein buddhistischer Shikhara-Turm –, der in einem zu engen Innenhof steht, oder der Turm des verfallenden Jagat-Narayan-Tempelbezirks am Zusammenfluß von Bagmati und Manohara. Die großen Shikhara-Türme sind in Nepal auf den ersten Blick gar nicht als solche zu erkennen, weil hier ihre Besonderheit darin besteht, daß sie mit einer oft mehrgeschossigen Säulenhalle derart ummauert sind, daß der eigentliche Tempelturm nur mehr wie ein Zierrat an der Spitze erscheint. Beispiele sind der mächtige Krishna-Tempel auf dem Palastvorplatz (*Durbar Square*) von Patan, der Vatsala-Tempel im Zentrum von Bhaktapur und die beiden Shikhara-Türme in Kathmandu, die flankierend am Ende des Aufgangs nach Swayambhunath stehen, obschon letztere nur einen bescheidenen Vorbau haben.

Auch eine dritte Bauform, die **nepalische Pagode**, stammt zwar aus Indien. Da sie dort aber gänzlich verschwunden ist, während sie sich in Nepal zu einer einzigartigen Blüte weiterentwickelte und bis heute erhalten hat, ja von hier möglicherweise sogar bis nach China vermittelt wurde, darf man sie wohl als »typisch nepalisch« bezeichnen. Das älteste Beispiel, das im Tal noch existiert, ist die Pagode von Changu-Narayan, die an einem alten Tempelplatz auf einem Höhenzug nördlich der Stadt Bhaktapur frühestens im 17. Jahrhundert errichtet wurde. Heute ist nicht nur das Tal von derartigen Bauwerken übersät, auch viele hinduistisch geprägte Städtchen und Ortschaften des Mittelgebirges haben ihre nepalische Pagode. Im Tarai fehlte sie früher fast völlig. Hier dominierte eine völlig andere Tempelarchitektur. Man denke etwa an den zwischen

1895 und 1907 im indo-persischen Mogulstil des 17. Jahrhunderts errichteten Janaki-Tempel in Janakpur. Nach 1990 wurden auch in dieser Region etliche große nepalische Pagoden erbaut.

Der bauliche Kern der traditionellen nepalischen Pagode ist ein Ziegelturm mit quadratischem, gelegentlich rechteckigem, seltener sechseckigem Grundriß. In ihm befindet sich das Kultbild, etwa ein Shiva-Lingam, das manchmal nach oben oder seitlich abgedeckt ist, während die Pagode in ihrer Gesamtheit bis in die Spitze hinauf leer bleibt. Die in Nepal bis zu fünf Geschossen aufragenden Pagodenetagen sind traditionell gänzlich aus Holz gefügt und haben weit ausladende, sich nach oben verjüngende Walm- oder Zeltdächer. Diese sind mit Tonziegeln heimischer Produktion oder mit vergoldetem Kupferblech gedeckt. Alle Holzteile, Säulen, Stützen, Balken und Streben, sind reich mit Schnitzereien und farbiger Bemalung verziert.

Das Bauwerk ist mit zahllosen Abbildungen aus dem vielarmigen hinduistischen Götterpantheon, ihren verschiedenen Manifestationen, erotischen Darstellungen, aber auch Ornamenten in Form von Holzskulpturen oder Bemalung ausgestattet. Dabei tragen die Eckbalken oft furchterregende Fabelwesen, die das Böse abwehren sollen. Fenster und Türen sind aufwendig aus Metall oder Holz gearbeitet, wobei als nepalische Eigenart über einigen Toren, Türen oder Fenstern halbkreisförmige Giebelfelder (Tympanona) angebracht sind; auf ihnen werden gern fliegende Gottheiten dargestellt, die besonders fein in Holz geschnitzt, aus Stein gehauen oder in Metall getrieben wurden.[46] Wer die nepalische Pagode zum erstenmal in ihrer traditionellen Bauart sieht, ist überwältigt – und kann nur bedauern, daß sie heute meistens aus armiertem Zement aufgeführt wird.

In diesem Zusammenhang muß schließlich das **nepalisch-buddhistische Kloster** oder *vihara* genannt werden, das je nach Form, Funktion und Sprache auch als *bahil, bahal* oder *bahira* erscheint. Obwohl im Kathmandu-Tal über vierhundert solcher Gebäude gezählt wurden, sind sie aus zwei Gründen weniger bekannt. Erstens ragen sie nicht, wie die vorgenannten Kultbauten, aus der Masse der städtischen Gebäude heraus, sondern sind oft derart in sie eingefügt, daß man sie erst bei näherem Hinsehen erkennt; zweitens sind sie fast gänzlich ihrer ursprünglichen Funktion entkleidet. In einigen befinden sich heute Volksschulen, andere wurden für

Wohnzwecke umgebaut, viele sind zu Ruinen verfallen. Aber etliche sind auf den Stadtplänen eingetragen und daher auffindbar.

Das auf einer quadratischen Grundfläche aus Ziegeln und Holz erstellte Gebäude ist nur durch einen einzigen Eingang zu betreten, der in einen weiten Innenhof führt. Direkt gegenüber steht der Buddhaschrein. Erd- und Obergeschoß bestehen, je nach Klostertyp, aus durch Holzsäulen gestützten Hallen, die mit Balkons alle vier Seiten des Innenhofs umlaufen, oder sie enthalten abgeteilte Räume. Das mit Ziegeln gedeckte Dach springt vor und wird durch hölzerne Streben gestützt. In vielen Fällen sind Holzwerk, Türen und Fenster reich geschnitzt.

Hier sei auch das nepalische **Hindu-Priesterhaus** oder *math* erwähnt und vor allem auf das Pujahari-Math in Bhaktapur hingewiesen, das mit deutscher Hilfe gründlich restauriert wurde.[47]

Neben Stupa, Shikhara-Turm, Pagode, Vihara und Math, die im Tal von Kathmandu vorherrschen, stoßen wir vor allem in den nördlichen Grenzgebieten auf drei andere Typen sakraler Bauwerke. Unter einem **Chaitya** versteht man dort einen kleinen Stupa, der manchmal ein buddhistisches Relikt, meist aber nur mit heiligen Worten beschriebene Papiere oder andere Votivgaben enthält. Chaityas sind auf den Wegen und in den Dörfern derjenigen Gegenden zu finden, wo sich die Bevölkerung überwiegend zum buddhistisch-lamaistischen Ritus bekennt.

Chörten ist im Grunde der tibetische Name für Chaitya. Dabei denkt man allerdings meist an ein größeres Gebilde, bei dem sich die oft hohle Kuppel auf dem Sockel bis zu fünf oder sechs Meter über den Boden erhebt. Chörten in Dolpo und Mustang entsprechen denen, die inzwischen viele Reisende in Ladakh und Zanskar kennengelernt haben. Im Grunde sind Stupa, Chaitya und Chörten Varianten der selben Bauform: dem lamaistischen Buddhismus verbunden, nicht begehbar und nicht unbedingt mit verehrungswürdigem Inhalt. Sie alle sollten dem vorherrschenden Brauch zufolge im Uhrzeigersinn umwandert werden.

Die **Gompa** ist ein tibetisches Kloster. Sie waren ursprünglich vor allem in den nördlichen, vom Lamaismus geprägten Grenzbezirken anzutreffen. Auch entlang der Wanderstrecke zum Sagarmatha (Mt. Everest) findet man viele typische Gompas, die noch von Mönchen bewohnt und heute oft aufwendig renoviert werden. Im Kathmandu-Tal entstehen neben älteren Gompas, etwa in Bodhnath, in den letzten Jahren immer mehr buddhistische Klöster, die häufig kostenpflichtige Unterkunft und Kurse für Ausländer anbieten.

Der Grundriß der Gompa orientiert sich an einem Mandala, also jenem Diagramm, das als Meditationshilfe geistige Zusammenhänge versinnbildlichen will. In Nordnepal ist das Kloster oft von einer kleinen Siedlung umgeben, die sich zunächst aus den Häusern der Mönche zusammensetzt. Nehmen wir Tengboche im Everestgebiet als Beispiel. Dort gliedert sich der Bau in zwei Teile, den von zweigeschossigen Arkadengängen umgebenen, gepflasterten Vorhof, in dem auch die rituellen Mani-Rimdu-Tänze stattfinden, und das hoch herausragende, ebenfalls zweigeschossige Hauptgebäude mit quadratischem Grundriß. Den Vorhof betritt man durch einen Porticus, in dem die Standbilder der Wächter der vier Himmelsrichtungen böse Kräfte vom Kloster abwenden sollen. Im Erdgeschoß des Hauptgebäudes befindet sich die Versammlungshalle, im ersten Stockwerk die eigentliche Tempelhalle und in einem quadratischen Türmchen darüber die Schatzkammer mit einer Sammlung von Reliquien, Gewändern und Votivgaben. Im Obergeschoß, also im Kloster im engeren Sinne, von wo man aus großen Fenstern den Innenhof überblicken kann, liegen außerdem Räume, die dem Abt vorbehalten sind. Die Hallen sind voll von Götterstatuen, Rollbildern (*thangkas*) und Regalen mit religiösen Schriften, aber sie bieten immer noch genügend Raum, um die mit Blas- und Schlaginstrumenten begleiteten Rituale durchzuführen.

Das Baumaterial beschränkt sich auf das, was örtlich verfügbar ist: Naturstein, Holz und Lehm. Das bis zu einem Meter dicke Mauerwerk wird in der Regel aus Bruchsteinen mit Lehmverbund hochgezogen, wennschon gelegentlich auch behauene Steine benutzt werden, um Ecken zu verstärken oder Türen und Fenster einzufassen. Der Lehmverputz hat sich als wetterfest und als gute Unterlage für Wandmalereien erwiesen. Die Dächer werden mit Steinplatten, Holzschindeln, heute auch mit Blech gedeckt. Der ganze Innenausbau der Gompa erfolgt mit Holz, das äußerst dekorativ bemalt ist. In den nördlichen Grenzgebieten gibt es Familien, die das Ausmalen der Klöster und der Privatkapellen, die man beispielsweise in vielen Sherpahäusern findet, traditionell als ihr Handwerk ausüben.[48]

Profanbauten in Stadt und Land

Damit wenden wir uns den Profanbauten, in erster Linie den Wohnhäusern zu. Auch in dieser Hinsicht bietet das Tal von Kathmandu eine, wenn auch rasch zurückgehende, Zahl eindrucksvoller Beispiele der **Newar-Architektur**.

Die Newarstädte im Nepal-Tal, über deren Ursprung und Alter noch wenig Klarheit besteht, haben sich unsymmetrisch entlang alter Handelsstraßen entwickelt, beziehungsweise an deren Kreuzungen, und zeigen alle eine grundsätzlich sehr ähnliche Anlage. Verhältnismäßig enge Gassen, von denen die breiteren den alten Handelspfaden folgen, trafen sternförmig zusammen und bildeten Plätze, die sich mit Brunnen, Schreinen, Stupas oder Pagoden zu Subzentren entwickelten. Die mit Ziegeln gepflasterten Gassen und Plätze wurden von mehrstöckigen Wohnhäusern gesäumt, die alle aus Ziegeln und Holz errichtet und mit tönernen Dachpfannen gedeckt wurden, aber unterschiedliche Längen und Fassaden hatten. Innenhöfe, wiederum oft mit Schreinen oder Brunnen ausgestattet, boten zusätzlichen Lebensraum für die Familie. In vielen Fällen führten und führen heute noch schmale Gassen in Labyrinthe von Häusergruppen, deren Höfe man oft nur durch überbaute Durchlässe erreichen kann. Die Stadt wurde in Bezirke (*tole*) eingeteilt, die ihren Namen vom zentralen Tempel oder von der vorherrschenden Berufsgruppe bekamen. Auch heute noch ergibt der Name des Bezirks, zusammen mit einer Hausnummer, die Postanschrift.

Bei der allgemein dichten Bebauung finden die Bewohner hier zusätzlichen Lebensraum, um Märkte abzuhalten, Feste zu feiern, sich zu versammeln, gelegentlich auch Vieh aufzutreiben, die Ernte oder frische Tongefäße zu trocknen oder, wenn hier einer der schönen, in Stein gehauenen Wasserspeier funktioniert, für ihren öffentlichen Badeplatz. Über lange Zeit erhielten die Menschen Trinkwasser aus den Brunnen, und das Abwasser wurde über mit Steinplatten gedeckte Drainagegräben abgeführt.

Von der funktionalen Organisation der alten Newarstädte ist heute nicht mehr viel zu erkennen. Die Brunnen sind versiegt und notdürftig durch Wasserleitungen ersetzt, die Kanalisation ist völlig verfallen und außer Funktion, die Innenhöfe werden teilweise als Mülldeponien benutzt. Viele Jahre lang versuchte man mit technischer Hilfe aus Deutschland, in der Hauptstadt eine Müllabfuhr zu organisieren, mit geringem Erfolg. Ohnehin werden die Städter in der Trockenzeit durch Staub und in der Regenzeit durch Schlamm belästigt, aber sie haben sich den Umständen angepaßt.

Trotz aller Verfallserscheinungen ist nicht zu übersehen, daß die Newarkultur von Anfang an eine städtische Kultur war und noch immer ist. Das typische **Newar-Haus** verdient, gerade weil es allmählich aus dem Straßenbild Kathmandus verschwindet und durch phantasie- und geschmacklose Hohlziegel- und Betonbauten ersetzt wird, eine Würdigung. Es besteht aus einer Art Fachwerk, bei dem das widerstandsfähige Salholz zum Einsatz kommt, aus gebrannten Ziegeln und Dachpfannen sowie luftgetrockneten Lehmziegeln. Seltener ist es mit Schiefer, Blech oder Stroh gedeckt. Man findet in der Regel drei, seltener zwei oder vier Stockwerke. Jedes Stockwerk hat seinen eigenen newarischen Namen und seine besondere Funktion. Dieser Haustyp, zusammen mit den zahllosen Riten, die bei seiner Errichtung durchgeführt werden, unterscheidet die Newars von allen anderen Volksgruppen Nepals.

Das Haus ist gewöhnlich rechteckig, sechs Meter tief und an der Straßenfront vier bis acht Meter breit. Die Räume sind niedrig, und ein hochgewachsener Mensch kann sich oft kaum darin aufrichten. Familien und Klans bauen ihre Häuser gern um den schon erwähnten Innenhof (*chok*) und nur eine einzige, verschließbare Tür führt von der Gasse in den Wohnbereich. Das Balkenwerk, die Tür- und Fensterrahmen und die Holzgitter (anstelle von Glasfenstern), die vor allem im zweiten Stock Erkerform erhalten, sind höchst künstlerisch geschnitzt und geben dem Newarhaus sein unvergleichliches Aussehen.

Das Erdgeschoß enthält zur Straße hin den Laden, die Werkstatt oder den Lagerraum; wo Tiere gehalten werden, sind hier auch die Stallungen. Zum Innenhof hin findet sich oft ein überdachter Rundgang oder eine Veranda. Im ersten Stock gibt es mehrere Wohnräume, in die gewöhnlich die Gäste geführt werden. Die Fenster sind einfach und haben geschnitzte Gitter, die den Einblick von außen verwehren. Der zweite Stock ist das eigentliche Wohnreich der Familie. Zahlreiche Räume mit separatem Eingang dienen den verheirateten Paaren der Hausgemeinschaft als Wohn- und Schlafraum, und hier werden auch die privaten Gäste empfangen. Große, zentrale Fenster mit schönen Schnitzereien sind erkerartig vorgebaut und gestatten es, die Straße zu übersehen. Im Dachgeschoß

20 Die einmalige newarische Ziegel-und-Holz-Stadtarchitektur des Tals von Kathmandu weicht nach und nach phantasielosen Betonbauten, wie hier zu beiden Seiten der Treppe. Im Hintergrund ragt der Shikhara-Turm des Machhendranath-Tempels von Bungamati aus der umgebenden Säulenhalle.

endlich befinden sich Küche und Speiseraum, gesichert vor Fremden, denn strenge Kastenregeln verbieten, wie wir wissen, den Zutritt bestimmter Personengruppen zur Küche und zu den Eßräumen anderer. Das Newarhaus ist arm an technischen Einrichtungen. Die Verbindung zwischen den einzelnen Stockwerken erfolgt mittels schmaler, steiler Stiegen, und selbst in jüngst erbauten Häusern fehlt es an bequemen Treppen.

Wenn man heute auch vermuten kann, daß alle städtischen Häuser an das öffentliche Stromnetz angeschlossen sind, so hat längst nicht jedes seine eigene Versorgung mit Leitungswasser; in diesem Fall müssen die Frauen zu einer der öffentlichen Zapfstellen gehen. Noch schlechter sieht es mit der Entsorgung aus. Private Toiletten sind in der Altstadt selten und Senkgruben bleiben die Ausnahme. Einige wenige öffentliche Latrinen stehen zur Verfügung, aber viele Bewohner, allen voran die Kinder, bedienen sich nach wie vor der Straßenränder, der Flußufer, ja der Tempelstufen. Vor den großen Festen wird dann zu kollektiven Reinigungsaktionen aufgerufen.

Zum Baden und Waschen nutzen die Familienmitglieder entweder den eigenen Innenhof, oder sie gehen zu den großen öffentlichen Bade- und Waschplätzen. Obwohl es in den Wintermonaten recht kalt wird, sind die Häuser in der Regel nicht heizbar. Wer es sich leisten kann, sitzt um ein Kohlebecken oder ein tragbares Ölöfchen; die große Masse der armen Bevölkerung aber hüllt sich in ihre Schlafdecken oder sucht einen sonnigen Sitzplatz. Auch in den Regierungsgebäuden, die ebenfalls nicht heizbar sind, trägt man in den Wintermonaten, in denen klares Wetter vorherrscht, die Schreibtische in den Sonnenschein.

Seit vielen Jahrzehnten kann man von einer »Modernisierung« der Altstadt insofern sprechen, als die traditionellen Newarhäuser durch gemauerte und grau verputzte Gebäude ersetzt werden. Seit das Zeitalter des armierten Zements mit Enthusiasmus begrüßt wurde, zieht man selbst auf schmalsten Grundstücken vielstöckige Bauwerke hoch. Oft geht den Bauherren bei ihren ambitiösen Vorhaben das Geld aus, und so machen heute weite Teile der Altstadt den Eindruck von permanenten Baustellen, was die alte Harmonie der Newarstadt nun restlos vernichtet. Auf diese Weise wird die Bebauung und Besiedelung immer dichter, und die Zahl der Menschen und Fahrzeuge je Flächeneinheit erreicht bisher nicht gekannte Größenordnungen.

Die Ausdehnung Kathmandus über das Gebiet der traditionellen Newarstadt hinaus reicht über ein Jahrhundert zurück. Damals, zur Zeit der Rana-Herrschaft, kamen europäische Stilvorstellungen in Gestalt französischer Paläste und Gärten nach Nepal, und um 1900 begannen die Ranas, die es sich leisten konnten, prächtige Herrenhäuser in großen Gärten außerhalb der Altstadt zu errichten und sie mit importieren Statussymbolen wie Kronleuchtern, Konzertflügeln, Portiers, Ölgemälden und Springbrunnen auszustatten. Ehe er 1973 teilweise abbrannte, galt der Palast Singha-Durbar, der 1903 unter Premierminister Chandra Shamsher Rana innerhalb eines Jahres erbaut wurde und jetzt Regierungsgebäude ist, mit 17 Innenhöfen und 1700 Zimmern als größte Privatvilla Asiens; sein Grundstück entsprach etwa der halben Fläche der Altstadt. Viele der zahllosen **Rana-Paläste**, auch die berühmten unter ihnen, konnten auf die Dauer nicht erhalten werden. Sie verfielen, und ihre Trümmer wurden in den 1950er und 1960er Jahren benutzt, um Bungalows zu bauen, die man an die zahlreichen ausländischen Techniker und Berater vermietete. Aber einige Paläste, in

21 Das Pahadi-Haus ist oft zweistöckig und traditionell mit Stroh, Ziegeln oder Schiefer gedeckt. An den Pfählen trocknen hier Maiskolben und Stroh. Senf, Nepals wichtigste Ölpflanze, blüht auf den Terrassenfeldern im Vordergrund.

denen jetzt Regierungsstellen oder Banken untergebracht sind (Babar-Mahal, Kesar-Mahal, Singha-Mahal, Sital Niwas, Hari-Bhawan und andere), gestatten auch heute noch, sich ein Bild von der vergangenen Pracht zu machen.

Inzwischen hat sich die Stadt Kathmandu weit nach Osten ausgedehnt und viele frühere Dörfer in sich eingegliedert. Die Dichte der Bebauung, das Verkehrschaos und andere Nachteile haben dazu geführt, daß vor allem die Dienststellen internationaler Organisationen, und mit ihnen ihre ausländischen Mitarbeiter, die Hauptstadt verließen und sich im unmittelbar anschließenden Patan ansiedelten, das auch heute noch etwas grüner und durchlüfteter ist. Bhaktapur hat demgegenüber seine Stellung als »echte« Newarstadt weitgehend erhalten, wenn auch die Ausrichtung auf den Tourismus einen Gutteil des einstigen Charmes vernichtet hat. Man kann hier aber noch am ehesten einen Eindruck davon bekommen, wie es in den Newarstädten früher ausgesehen hat.

Auch die anderen ethnischen Gruppen Nepals haben unter Ausnutzung dessen, was die Umwelt ihnen bietet oder von ihnen fordert, ihre eigenen Wohn-, Haus- und Siedlungsstile entwickelt.

So auch der heiße und feuchte Süden Nepals, das Tarai. Bekanntlich war diese Zone lange durch Malaria verseucht und nur von einer angepaßten Volksgruppe, den Tharus, lose besiedelt. Diese Menschen haben es denn auch verstanden, unter äußerst prekären Umweltbedingungen relativ angenehm zu überleben. Das **Tharu-Langhaus** hat Wände aus mit Lehm beworfenem Flechtwerk und auf Holzpfosten ruhende Strohdächer mit reichlich Querlüftung. Vordächer, Veranden und eigens errichtete Schattendächer als Versammlungsplätze schützen vor der unbarmherzigen Sonneneinstrahlung. Sockel in den Häusern und ihre Lage auf Flächen, die sich über die umliegenden Naßreisfelder erheben, schützen die Menschen vor der Feuchtigkeit, die besonders während des Monsunregens sehr penetrant ist. Lehmreliefs und Bemalungen oft mystischen Inhalts schmücken die Wände, und das Innere der Häuser ist durch die aus Lehm geformten Vorratsbehälter, gelegentlich auch durch halbhohe Zwischenwände gegliedert. So erhalten die Ehepaare im Rahmen der Großfamilie ihre Privatsphäre. Die mit Wohngebäuden und Stallungen um einen Hof gruppierten Gehöfte bilden Dorfkerne mit kleinen Plätzen, auf denen das Gemeinschaftsleben stattfindet. Die von tropischen Obstbäumen oder Bambushainen beschatteten Dörfer, an deren Rändern sich Dreschplätze und Suhlen für die Wasserbüffel befinden, sind oft mit Palisaden gegen die wilden Tiere des Dschungels gesichert, der gleich hinter den Feldern beginnt.

Dieses ideale Bild hat sich durch die Erschließung des Tarais für Siedlungszwecke, den Bau der Ost–West-Fernstraße und die Nähe Indiens, vor allem aber durch die Massen der Zuwanderer aus den Bergen und aus Indien in den letzten Jahrzehnten stark verändert. Je weiter man nach Osten reist, um so »indischer« wird das Siedlungsbild. Im Raum um die Stadt Biratnagar ist das Langhaus der Tharus verschwunden und durch ein einfaches **indisches Lehmhaus** ersetzt worden. Das vorherrschende Bauernhaus im Tarai, das vor allem zwischen 1890 und 1930 mit indischen Einwanderern seinen Einzug hielt, ist ein kleiner, einräumiger, rechteckiger Bau aus lehmbeworfenem Flechtwerk, der von einem Walm- oder Satteldach aus Gras oder Stroh gekrönt ist. Insbesondere die Maithili-Kultur, etwa in der Region um Janakpur, ist für die Lehmreliefs und Malereien bekannt, die die Frauen auf den Hauswänden ausführen.

Eine völlig neue Komponente bekam das Siedlungsbild im Tarai

22 Bauernhäuser im Tarai bestehen aus einem Holzgerüst, das mit Stroh gedeckt und mit Wänden aus lehmverputztem Bambus- oder Grasgeflecht abgeschlossen wird. In seinem Inneren ist es verhältnismäßig kühl.

mit dem massiven Zustrom von Siedlern aus dem bergigen Norden, von Nepalern, die in den 1960er Jahren aus Birma vertrieben wurden, und von Tibetern, die vor den Chinesen aus ihrer Heimat geflohen waren. Sie brachten ihre eigenen Wohnbräuche mit, und wenn es ihnen im Tarai auch häufig an den gewohnten Baustoffen mangelte, so versuchten sie doch, mit dem örtlich Verfügbaren etwas zu konstruieren, das sie an ihre Heimat erinnerte.

Die Städte im Tarai, die meist nahe der indischen Grenze liegen, haben sich in den letzten zehn bis zwanzig Jahren zu kleinen, aber bedeutenden Industriestandorten entwickelt. Orte wie Biratnagar, Janakpur, Birganj, Bhairahawa oder Nepalganj sind vom Wohnhaus bis zum Hindutempel und zur Moschee vollkommen »indisch«. Phantasielose, gelegentlich verputzte oder grellfarbig gestrichene Ziegel- oder Zementbauten säumen die Hauptstraßen, hinter denen der Besucher sogleich zwischen armseligen Hütten im Morast oder Staub versinkt; am Stadtrand liegen Industrieparks, Reparaturwerkstätten und Materiallager, bevor die Stadtlandschaft unmittelbar ins Reisland mit seinen geschlossenen Bauerndörfern übergeht.

Das Haus im Mittelgebirge und im Gebirge muß seine Bewohner vor allem vor den Unbilden der Witterung schützen: starker Regenfall in der Monsunzeit, Schnee in einigen Landesteilen, heftige Winde, hohe Temperaturen im Sommer und oft Frost im Winter.

Sehen wir einmal davon ab, daß es Volksgruppen mit sehr ausgeprägten eigenen Baustilen gibt – etwa die Sherpas, in deren massiven, zweistöckigen, mit Schindeln gedeckten Häusern es Stallungen, Wohnräume mit Kochstelle und häufig sogar eine buddhistische Privatkapelle gibt; oder die Limbus im Osten des Landes, deren große, im Obergeschoß von einer Galerie umlaufenen Behausungen fast an oberbayerische Landhäuser erinnern –, so wird das Mittelgebirge durchweg vom sogenannten **Pahadi-Haus** bestimmt, ein Name, der auf eben dieses Mittelgebirge Bezug nimmt.

Dieses Steinhaus ist in seiner Grundform rechteckig und hat ein Obergeschoß, häufig eine überdachte Veranda, und sein Walm- oder Zeltdach ist mit Stroh oder Ziegeln gedeckt. Ab etwa 1500 Metern Höhe tritt als Abwandlung das Bergbauernhaus auf. Es ist ebenfalls rechteckig aus Stein gemauert, und sein flachgeneigtes Dach ist mit Schindeln, schweren Schieferplatten oder heute Blech gedeckt. Zusammen bilden sie im Grunde den Haustyp des Mittelgebirges, den man bis auf 3000 Meter hinauf findet, wo er vom Sherpa-Haus abgelöst wird. Ein anderes Bild zeigt sich, wenn man in die nordhimalayische Trockenzone kommt, die im Regenschatten der großen Gebirgsketten liegt. Hier, wo nur geringe Niederschläge fallen, bestimmt das Flachdach das Bild der Siedlungen, die Wände sind unter Umständen aus Stampflehm (Erdbeton) gefertigt, und die Gebäude können mehrere Stockwerke haben.

Auch die **Siedlungsformen** sind regional unterschiedlich und lassen Anpassungen an die jeweilige Umwelt erkennen. Die im Osten vorherrschenden Streusiedlungen nehmen mit wachsender Höhe an Bebauungsdichte zu, während sich im zentralen und westlichen Nepal die Einzelhäuser zu geschlossenen Dörfern vereinigen. In den nördlichen Trockengebieten herrscht Oasenkultur vor, und die Kompaktsiedlungen, in denen die quaderförmigen Häuser Wand an Wand aneinandergebaut werden, erinnern an die marokkanische Kasbah.

Die **soziale Struktur**, vor allem die Kastengliederung eines Dorfes, aber auch der Wohlstand einzelner Mitbewohner finden ebenfalls Ausdruck im Erscheinungsbild des Ortes. Palastartige

Wohnhäuser reicher Brahmanen, Großgrundbesitzer, Händler und Geldverleiher distanzieren sich deutlich von den einfachen Behausungen der abhängigen Bauern und Handwerker. Unberührbare werden häufig an den Ortsrand verbannt oder müssen sogar außerhalb in getrennten Siedlungen wohnen.

Kunst des Handwerks

Es steht außer Frage, daß in Nepal schon sehr früh Erze gefördert und verhüttet wurden und daß man das so gewonnene Metall zu religiösen Statuetten ebenso wie zu Artikeln des täglichen Bedarfs verarbeitet hat. Wenn auch heute praktisch kein Erzbergbau mehr betrieben wird, so lassen doch die vorhandenen Gegenstände Rückschlüsse auf eine sehr alte Kunstfertigkeit im Umgang mit Metallen zu, eine Kunstfertigkeit, die sich bis heute erhalten hat, auch wenn der Rohstoff heute importiert wird. Kupfer wurde mit anderen Metallen zu Legierungen verarbeitet und diente zum Guß ebenso wie zur Treibarbeit. Die ältesten Statuetten, die man kennt, sind wenigstens 1500 Jahre alt; während der Lichhavi-Periode berichteten chinesische Reisende von der Pracht nicht nur der Paläste, sondern auch der metallenen Götterbilder im Kathmandu-Tal.

Nepal und vor allem das Tal ist heute noch voll von Bronze- und Messinggüssen und in Metall getriebenen Kunstwerken wie Statuen, Reliefs, Fenster- und Türumrandungen, Glocken und allerlei Kultgefäßen. Der Versuch, 1944 durch die Gründung eines Unternehmens den Erzbergbau wiederzubeleben, um den heimischen Markt mit Kupfer- und Zinkblech zu versorgen, schlug fehl. Erst in jüngerer Zeit hat das Handwerk durch den Touristenstrom und eine gesteigerte Nachfrage nach Andenken wieder einen Aufschwung erfahren. Die Sucht, wertvolle Andenken aus Nepal mitzubringen, hat leider auch zu einem bedauerlichen Kunstraub geführt, bei dem alle Gesetze umgangen werden und einige Nepaler mitschuldig geworden sind. Während die einfachen, gläubigen Menschen ihren gestohlenen oder enthaupteten Götterbildern aus Metall, Holz oder Stein nachtrauern, machen einige skrupellose Räuber das große Geschäft.[49] Hier sollte der Besucher Zurückhaltung und Achtung vor fremden Kulturen zeigen.

Zu den alten Kunsthandwerken gehört auch das Vergolden, und

die Tempeldächer hätten ihren Glanz nicht über Jahrhunderte, ja über ein Jahrtausend hin erhalten können, wären die Vergolder jener Tage nicht Meister ihres Fachs gewesen. Gold wurde in kleinen Mengen aus dem Sand der Kali Gandaki gewaschen, überwiegend aber in Lhasa erhandelt.

Messinggießerei und -treibarbeiten wurden auch für den Bedarf der Haushalte benutzt. Die noch heute gängigen Wasserkrüge, die die Frauen auf ihren Hüften tragen (*gangri*), Kannen und Teller, aber auch Kultgeräte für den buddhistischen Kulturkreis kamen aus den Metallwerkstätten Nepals und werden erst in letzter Zeit allmählich durch maschinell gepreßte Aluminiumgefäße, rostfreies Stahlgeschirr und Plastikgefäße verdrängt.

Seit Menschengedenken spielte die Förderung und Verhüttung

23 Auch die Holzschnitzerei gehört zu den Handwerkskünsten, für die das Kathmandu-Tal seit Jahrhunderten berühmt ist. Hier arbeitet ein junger Handwerker in Bungamati an einer Buddha-Figur mit umgebendem Relief.

von Eisenerz und die Herstellung eiserner Geräte eine bedeutende Rolle, die sie allerdings in den letzten zwanzig Jahren fast völlig verloren hat. Der Druck indischer Importwaren scheint hier einen alteingesessenen Berufsstand fast vernichtet zu haben. Kleine Eisenschmelzereien in Those und Bhojpur und vielen anderen Orten des Landes stellten Hacken und Sensen, Äxte und Messer, aber auch Gewehrläufe und vor allem das typisch nepalische Haumesser (*khukuri*) her, Wahrzeichen der Gurkha-Soldaten und auch heute noch weitverbreitetes Werkzeug, das viele Männer auf dem Land im Leibbund tragen. Nur in geringem Umfang lebt dieses Handwerk mancherorts noch weiter.

Nach allem, was bisher über die Baukultur gesagt wurde, kann es nicht überraschen, daß das **Bauhandwerk** und die Herstellung von Baustoffen zu den ältesten Gewerben Nepals gehören. Es ist nicht festzustellen, woher die Nepaler ihre Fähigkeiten bezogen haben, aber es ist sicher, daß das Brennen von Ziegelsteinen und Dachziegeln bereits in der Zeit vor der dokumentierten Geschichte des Landes bekannt war. Ausgrabungen und andere Belege zeigen, daß sie auf jeden Fall bis in die Ära der Kiranti-Könige zurückreichen.

Noch heute wird guter Ziegelton von den Feldern des Kathmandu-Tals abgegraben und dort auch gleich in Brennöfen zu Ziegelsteinen, Biberschwänzen, Firstziegeln und Hohlpfannen für die Dächer sowie Pflasterziegeln für die Höfe und Plätze gebrannt. Das Abgraben der guten Reisböden und der enorme Brennstoffverbrauch führten zu wachsenden Problemen, aber die Errichtung einer Zementfabrik im Tal löste nur ein Übel durch ein anderes ab. Auch Kalkmörtel gehört zu den uralten Baustoffen, die vor Ort hergestellt wurden und werden. Zwar verputzen ärmere Leute ihre Häuser, wenn überhaupt, auch heute noch mit einem Gemisch aus Lehm, Häcksel und Kuhdung, aber beim Bau von Festungen, Palästen und Tempeln wurde seit Jahrhunderten Kalkmörtel benutzt. Er hat sich als äußerst haltbar erwiesen, selbst wenn ein Erdbeben das ganze Gebäude umwarf.

Die **Töpferei** liefert seit jeher allerhand Gegenstände des täglichen Bedarfs, wie Küchengefäße, Kohlebecken, Pfeifenköpfe oder Öllämpchen. Auch dieses alte Gewerbe nimmt Schaden, weil billige Importware aus Indien den Markt überschwemmt und leichte Plastikbehälter den schweren Tongefäßen gegenüber manchen Vorteil haben.

Es würde zu weit führen, alle handwerklichen Traditionen auf-
zuführen, die im Grunde in keinem Entwicklungsland fehlen – wie
die Herstellung von Textilien einschließlich Färben und Drucken,
die Verarbeitung landwirtschaftlicher Produkte und die Herstellung von Karren, Wassermühlen, Holzpflügen und Fischereige-
räten. Eine nepalische Besonderheit aber ist die Herstellung von
Lokta-Papier aus Seidelbast (*Daphne* spp.). Die Stengel des Seidel-
basts, der als Unterholzbusch im Mittelgebirge zwischen 2700 und
3300 Metern wild wächst, werden im Frühjahr entbastet und, so-
fern genügend Wasser vorhanden ist, in mobilen Familienbetrie-
ben an Ort und Stelle weiterverarbeitet. Der feine Zellstoff wird auf
Siebrahmen geschöpft und am offenen Feuer getrocknet. Gelegentlich trifft man in den Bergen Träger, die enorme Papiermengen in
die Hauptstadt befördern. Vermutlich kam die Kunst des Papier-
machens schon vor Jahrhunderten mit den Händlern über Tibet
aus China. Noch in den 1960er Jahren wurden alle amtlichen Dokumente (zum Beispiel Führerscheine) auf Lokta-Papier gedruckt
oder geschrieben. Heute ist die Verwendung in Nepal auf Sonder-
zwecke beschränkt, wie Visiten- oder Einladungskarten, aber das
Gewerbe profitiert vom Export und der Nachfrage der Touristen
nach Produkten aus »Nepalipapier«.[50]

Auf einem Gebiet allerdings besitzt Nepal keinerlei Tradition:
die Ausstattung der Wohnräume ist enttäuschend. Sie waren in der
Regel leer, denn **Möbel** im modernen Sinne kannte der Nepaler
nicht. In bessergestellten Haushalten saß man auf einfachen Tep-
pichen oder mit Baumwolle gestopften Matratzen auf dem Boden;
große Holztruhen enthielten Kleider und anderen Besitz. Bei ärmeren Leuten gab es nur die Strohmatte. Lediglich in Einzelfällen fand sich ein Bett oder ein Stuhl. Tische waren unbekannt; den
Namen dieses Möbels haben die einheimischen Sprachen aus dem
Englischen entliehen. Auch in der Küche fand die Zubereitung der
Speisen und das Essen selbst auf dem Lehmboden statt. »Es ist un-
erklärlich,« schreibt deshalb der indische Soziologe G. S. Nepali, der
die materielle Kultur der Newars eingehend untersuchte, »warum
ein Volk, das so unvergleichlich geschickt in der Holzbearbeitung
war, … die Herstellung von Möbeln offenbar übersehen hat«.[51]

Diese Situation hat sich nach 1970 tendenziell geändert. Wer
noch in der Mitte der 1960er Jahre nach Nepal übersiedelte, mußte
seine Möbel mitbringen, sie von abreisenden Ausländern kaufen

oder von nepalischen Schreinern nach Vorlagen bauen lassen. Bereits fünf Jahre später bot der Markt Stühle, Tische und sogar Polstermöbel an, und heute findet man zumindest in Kathmandu in mittelständischen Haushalten Sitzmöbel. Übrigens waren auch Teppiche in Nepal unbekannt, und nur einige der nördlichen Grenzvölker knüpften Satteldecken und kleinere Unterlagen für den eigenen Bedarf. Erst später bauten tibetische Flüchtlinge mit schweizerischer Hilfe eine florierende Teppichindustrie auf, die die bekannten »Nepal-Teppiche« exportiert.

Volksbildungspläne

Die Geschichte Nepals hat gezeigt, daß die Bildungschancen der breiten Massen eng mit den politischen Machtverhältnissen verbunden sind. Während der Zeit des Rana-Regimes, also von der Mitte des 19. bis zur Mitte des 20. Jahrhunderts, mußten diese Bildungschancen zwangsläufig gering bleiben, denn zunehmende Bildung hätte der Bevölkerung ihre Lage deutlich gemacht und das System unter Umständen gefährdet. Die Söhne der herrschenden Rana-Familie hatten natürlich die Chance, eine westliche Ausbildung in Indien oder Übersee zu genießen, ein Vorteil, der ihnen noch lange nach dem Ende der Rana-Herrschaft einflußreiche Posten sicherte. Hier liegt auch der Ursprung des Englischen als Elitesprache. Für den Rest der Bevölkerung von rund acht Millionen Menschen standen damals 200 Primarschulen, 203 Mittelschulen und 21 höhere Schulen zur Verfügung, neben dem von Indien betreuten Trichandra College. Nur wenigen gelang es, das Land illegal zu verlassen und draußen eine Ausbildung zu erwerben. So ist es kein Wunder, daß am Ende der Rana-Ära nur 5,3 Prozent der Bevölkerung lesen und schreiben konnten. Hinzu kam, daß in dieser Zeit das nepalische Bildungswesen kaum mehr als ein Anhängsel des indischen war und Themen wie nepalische Kultur und Geschichte erst nach 1951 in die Lehrpläne eingefügt wurden.

Mit dem Eintritt in die Moderne versuchten die jeweiligen Regierungen nicht ohne Erfolg, ein Volksbildungssystem aufzubauen, eine Bemühung, die von der Monarchie nachhaltig unterstützt wurde. Bereits nach fünfzehn Jahren (1966) war die Zahl der Primarschulen auf 5 694, die der Mittelschulen auf 408 und die der höheren Schulen auf 263 angestiegen. Zudem gab es 34 Colleges und die neu gegründete Tribhuvan-Universität. Die Alphabetenrate war auf rund zehn Prozent angestiegen.

Natürlich hatte das neue Bildungssystem noch viele Schwächen, denn die Ausbildung geeigneter Lehrer brauchte ihre Zeit, und bei der Beschaffung von Unterrichtsmaterial war man im wesentlichen auf fremde Hilfe angewiesen. Noch immer waren erst 27 Prozent der Kinder der jeweiligen Jahrgänge und sogar nur 14 Prozent der Mädchen eingeschult, und der Anteil derjenigen, die nach nur zwei oder drei Jahren der Schule wieder fernblieben, war groß. Von den Primarschülern erreichten damals nur wenig mehr als acht Prozent der Eingeschulten das Ende des 5. Schuljahres.

Die Gründe dafür erklären sich leicht aus den allgemeinen Lebensverhältnissen der breiten Massen. Den Eltern fehlte noch jedes Verständnis für den Nutzen der Schulbildung, und sie wollten ihre Kinder lieber als Arbeitskräfte in Haus und Hof behalten. Zudem hatten viele unterernährte Kinder ganz einfach nicht die Kraft, den Anforderungen eines Schulunterrichts gerecht zu werden. Anreize wie schöne Schulgebäude, interessante Lehrmittel, Schulspeisung und dergleichen gab es nicht, und die schlecht ausgebildeten Lehrer standen bei der Bevölkerung nicht sehr hoch im Ansehen.

Zu einer **Wende in der Bildungspolitik** kam es 1971 mit der Annahme eines Volksbildungsplans. Nicht nur wurde wenige Jahre später Schulgeldfreiheit für die Primarstufe eingeführt, die Regierung setzte sich auch nachdrücklich dafür ein, daß der Unterricht einen national-kulturellen Charakter bekam. Das Ziel war die Entwicklung, Erhaltung und Verbreitung der Nationalsprache Nepali, einer eigenständigen Kultur, Literatur und Kunst. In den neuen Lehrplänen für Primar-, Mittel- und höhere Schulen waren Lehrgänge in Musik, Tanz, Kunsthandwerk, Zeichnen und Malen, Geschichte und Kultur vorgesehen. Lokale und nationale Feste sollten ausgerichtet, Wettbewerbe im Liedersingen, Theaterspielen und ähnlichem durchgeführt werden.[52] In dieser Zeit gab es in Nepal 7256 Primar- und 1956 Sekundarschulen sowie 49 Institutionen der höheren Bildung. Die Alphabetenrate war auf 13,9 Prozent gestiegen, und der Gedanke eines mehr technisch orientierten Unterrichts gewann an Boden.

Gegenwärtig (Zahlen von 2001/02) stehen der Jugend Nepals rund 36 000 Schulen zur Verfügung. 3,5 Millionen Kinder sind in

Primarschulen, 1,1 Million in Mittelschulen und eine halbe Million in höheren Schulen eingeschrieben. Dabei umfaßt die Primarstufe das erste bis fünfte, die Mittelschule das sechste und siebente und die Oberschule das achte bis zehnte Schuljahr. Am Ende des zehnten Schuljahres können die Schüler in einer zentralisierten Prüfung das *School Leaving Certificate* (SLC) erwerben. Seit 1989 gibt es eine höhere Sekundarstufe mit einem 11. und 12. Schuljahr (»+ 2, *Plus Two*«). Die Einführung der Schulgeldfreiheit für die Primarstufe der staatlichen Schulen hat zwar die Schülerzahl gesteigert, aber noch immer haben über 20 Prozent der entsprechenden Altersgruppe keinen Unterricht. Nur 87 Prozent der Jungen und 75 Prozent der Mädchen im Primarschulalter besuchen eine Schule. Heute rechnet man mit einer Gesamt-Alphabetenrate von etwa 49 Prozent; bei den Männern sind es 63 Prozent, bei den Frauen 35 Prozent. Die Ausstattung der Schulen hat sich gebessert, und auf dem Lande soll es im allgemeinen nicht mehr nötig sein, daß die Kinder ihren Klassenraum selbst fegen und sich eine Sitzmatte von zu Hause mitbringen.

Viel gravierender ist heute die Frage der Schulabbrecher und die

24 Dörfliche Primarklasse. Schon die Jüngsten tragen Schuluniformen. Die meisten Schulen, gewöhnlich einfache Zementbauten mit Blechdach, sind auch im Winter nicht oder kaum geheizt.

der Lehrerausbildung. Vor allem in der Primarschulerziehung ist die hohe Abbrecherrate ein Problem, also der Anteil der Schüler, die nach einem oder zwei Jahren den Schulbesuch aufgeben. Der Statistik nach beginnen zwar 80 Prozent der Kinder den Primarschulunterricht, aber nur 45 Prozent erreichen das Schulziel.[53] Ähnliches galt lange Zeit für den Lehrer, der seine Tätigkeit als Sprungbrett in eine besserbezahlte staatliche Anstellung betrachtete. Von den 110 000 Grundschullehrern und 50 000 Sekundarschullehrern, die heute unterrichten, ist nur ein Teil voll ausgebildet. Die Fortschritte in der Lehrerausbildung und die Hoffnung auf ein berufliches Fortkommen mit sozialer Sicherheit haben diesem Beruf aber inzwischen ein besseres öffentliches Ansehen eingetragen.

Auch die **akademische Ausbildung** hat in den letzten Jahren Fortschritte gemacht. Zu dem 1918 gegründeten Trichandra College als der einzigen höheren Bildungsstätte des Landes trat 1959 die Tribhuvan-Universität hinzu, die auf einem Gelände zwischen Kathmandu und Kirtipur nach westlichem Muster entstand. In den Jahren 1986/87 wurde im Distrikt Dang-Deokhuri (Rapti-Zone) eine zweite Universität, die Mahendra-Sanskrit-Universität gegründet. Diese Gründung war eine deutliche Reaktion der konservativen Kreise auf die modernen Denkformen, die ein Studium an der Tribhuvan-Universität zwangsläufig mit sich brachte. Hier soll klassische Bildung vermittelt, die Tradition gewahrt und vor allem der Status Nepals als Hindukönigreich bestätigt werden.[54] Im Jahr 1991 wurde die private Kathmandu-Universität gegründet – sie liegt trotz ihres Namens außerhalb des Tals, in Dhulikhel –, um eine technische Elite auszubilden. Außerdem gibt es heute noch die Purbanchal- und die Pokhara-Universität.

Obwohl die offizielle Politik darauf abzielt, akademischen Nachwuchs auf den Gebieten zu fördern, die man für die materielle Entwicklung des Landes als wichtig erachtet, zeigt doch die fachliche Aufgliederung der Studierenden der höheren Bildungsstätten das für Entwicklungsländer typische, eher gegenteilige Bild. Rund 59 Prozent studieren Geisteswissenschaften, Sanskrit und Pädagogik, es folgen Wirtschaft und Recht mit 27 Prozent und naturwissenschaftlich-technische Fächer mit elf Prozent. Land- und Forstwirtschaft erreichen nur 0,75 Prozent und das Medizinstudium ist mit 1,2 Prozent ebenfalls unbedeutend.

Technische Institute und Colleges (meist als *campus* bezeichnet) sind in Form von 230 Einrichtungen über das Land verstreut. Teilweise sind sie an die Tribhuvan-Universität angeschlossen, teilweise sind sie privat. Hier werden Fächer wie Ingenieurwesen, Elektrotechnik, Sanitärinstallation, Agrartechnik, Bauhandwerk und medizinische Technik unterrichtet. Um das Jahr 2000 waren mehr als 160 000 Studierende an den Stätten der höheren Bildung eingeschrieben. Eine jährlich wachsende Studentenzahl überfordert seit langem Institutionen und Lehrkörper.

Um die offensichtliche Kluft zwischen Anspruch und Wirklichkeit im nepalischen Bildungswesen zu überbrücken und vor allem den breiten Volksmassen eine Einstiegschance zu geben, stellt man seit Jahren den **informellen Bildungssektor** in den Dienst der Sache. Hier haben sich die Erwachsenenbildungsmaßnahmen des Erziehungsministeriums bewährt, vor allem aber Alphabetisierungskampagnen des Nepalischen Frauenverbandes und international unterstützte Programme, die oft in ländliche Entwicklungsprojekte eingebunden sind. Dieser Sektor umfaßt örtliche Maßnahmen, die darauf abzielen, vor allem Frauen und Mädchen den Zugang zum Lesen, Schreiben und Rechnen, aber auch zu Hygiene, gesünderer Ernährung und dergleichen zu eröffnen. Hier bietet sich auch vorzeitigen Schulabgängern die Möglichkeit, es noch einmal zu versuchen. Solche Maßnahmen, allen voran das international unterstützte *Cheli-Beti*-Programm, die auf die Lebensumstände der Jugendlichen und Erwachsenen Rücksicht nehmen und beispielsweise am frühen Morgen oder am Abend angeboten werden, wenn keine anderen Pflichten anstehen, haben gute Erfolge erzielt. Sie wirken innerhalb der heterogenen Dorfbevölkerung gelegentlich revolutionierend und helfen, verkrustete Traditionen abzubauen, die eine Verbesserung der Lebensbedingungen behindern.

Das Problem der akademischen Bildung ist anders gelagert. Hier steht der Hoffnung auf eine interessante, gut bezahlte Beschäftigung oft ein enger Arbeitsmarkt entgegen, und die Zahl **frustrierter Jungakademiker** ist groß. Einige finden im Staatsdienst einen Broterwerb, aber kaum Aufstiegschancen, viele sind schlicht arbeitslos oder versuchen, über eine zweite Ausbildung in einen ihnen fremden Beruf einzusteigen, für den eine Nachfrage besteht. So bildet etwa die *Nepal Bankers Association* junge Akademiker in Schnellkursen für praktische Berufe aus. Und während man die Möglichkeit diskutiert, der Nachfrage nach Studienplätzen durch Abend- oder Fernkurse ebenfalls »informell« zu entsprechen, dürfte das Problem einer ausbildungsgerechten beruflichen Unterbringung vorab kaum zu lösen sein. Nepal, das zu Beginn seiner Moderne ganze sieben promovierte Akademiker besaß, hat heute Hunderte von promovierten Fachleuten auf praktisch allen Gebieten, die begierig sind, ihr Wissen und Können in den Dienst des Landes zu stellen. Die Aufnahmekapazität dieses Landes aber steht dazu in keinem Verhältnis. Die Gefahr eines massiven *brain-drain* wird von Jahr zu Jahr größer.[55]

4

Wirtschaft und Entwicklung

Geschichte der Landwirtschaft

Ein Blick auf die wirtschaftliche Situation des Landes vor etwa zweihundert Jahren, zu einer Zeit also, da sich der bis heute fortdauernde nepalische Staat etablierte, bringt manche Erklärung für die Rückständigkeit und geringe wirtschaftliche Leistungskraft des Landes. Der Eindruck, den es gegenwärtig auf den Besucher macht, sobald er den Bereich der Hauptstadt verlassen hat, nämlich den eines bäuerlichen Landes, täuscht nicht. Auch vor zweihundert Jahren war Nepal außerhalb des Kathmandu-Tals ein **Land der Dörfer**. Und in der Tat produzierte das Land bereits vor zweihundert Jahren Reis, Mais und Hirse, Ölsaaten und Blattgemüse, Zuckerrohr, Baumwolle und Jute, Obstsorten der tropischen und der gemäßigten Zone, Kartoffeln und Wurzelgemüse; man hielt Ziegen und Schafe, Wasserbüffel, Rinder und Yaks. Wertvolle Hölzer, Brennholz und Holzkohle, Honig und Wachs, Heilkräuter und Moschus kamen aus den Wäldern. Auch wilde Elefanten und Vögel hatten als Handelsgüter eine Bedeutung.

In der Tat waren die naturräumlichen Bedingungen des Landes gut geeignet, einer begrenzten Zahl Menschen einen bescheidenen Wohlstand zu sichern. Doch wie in vielen anderen Entwicklungsländern sind die wirtschaftlichen Möglichkeiten durch die Besitzverhältnisse eingeschränkt.

Die traditionelle Form der Landbesitzverfassung war in allen Teilen des Königreiches und der früheren Fürstentümer das

Staatseigentum am Boden (*raikar*). Mithin waren alle Bauern Staatspächter und zahlten ihre Grundsteuer direkt an den Staat. War der Landbesitz des Staatspächters groß genug oder gestatteten es die Verhältnisse, so konnte er sein Land unterverpachten. Er blieb dann dem Staat gegenüber weiter steuerpflichtig, konnte aber den Unterpächter ausbeuten, denn in der Regel betrug die Pacht die Hälfte der Bruttoernte. Das erklärt die Existenz ungezählter armer, kleiner Pächter.

Nun wurde es immer mehr zur Praxis, daß sich der Staat seiner Rechte am Boden begab, Landflächen an Privatpersonen (*birta*) oder gemeinnützige Institutionen wie Tempel, Klöster und dergleichen (*guthi*) abtrat und dann in der Regel auf Grundsteuern verzichtete. Die so begünstigten Personen, die zu **Grundherren** avancierten, waren verdienstvolle Brahmanen, siegreiche Generäle, höhere Beamte, kurz alle, die das Wohlwollen der Krone oder des Staates erlangt hatten. Zu der Zeit, da Prithvi Narayan den nepalischen Staat aufbaute, und ganz besonders während des Jahrhunderts der Rana-Ministerpräsidenten, schanzten sich die einflußreichen Familien *birta*-Landbesitz zu und schufen damit die Grundlage für eine Landaristokratie auf Kosten nicht nur der kleinen Pächter, sondern der Entwicklung des Agrarsektors überhaupt.

Dem kleinen Pächter bot sich kein ökonomischer Anreiz, viel mehr als das zu produzieren, was ihm nach Abzug der Pacht das Überleben sichern würde. Wuchs seine Familie und rodete er zusätzliches Ackerland, so wurde dieses nach drei Jahren Karenzzeit dem Besitz seines Verpächters zugeschlagen und normal besteuert beziehungsweise mit Pachtabgaben belegt. Falls der Pächter zusätzlich Geld oder Arbeit investierte, um höhere Erträge zu erzielen – der Grundherr würde seinen Anteil daran fordern. War der Pächter gar aufsässig und nicht bereit, wachsenden Forderungen des Bodeneigentümers zu entsprechen, so konnte er vom Land vertrieben werden. Zahllose landarme und landlose Bauern waren ja bereit, sich gegen noch höhere Abgaben als Pächter zu verdingen.

Es kam aber noch ein weiterer Umstand hinzu, der die Leistungsfähigkeit und Entwicklung der Wirtschaft hemmte: Die Menschen wurden zu unbezahlter Arbeit außerhalb ihres Landbesitzes gezwungen. Dafür gab es in Nepal zwei Institutionen, die sich über die Jahrhunderte erhalten hatten: unbezahlte **Zwangsarbeit** (*jhara*) in verschiedenen Unterformen und Leibeigenschaft (*bandha*), neben regelrechter Sklaverei. Jeder Untertan war verpflichtet, für die Regierung bestimmte Träger- und Postläuferdienste zu leisten. Darüber hinaus wurden die Bauern etwa zu Bau und Instandhaltung von Wegen und Brücken, von fürstlichen und königlichen Palästen, zur Errichtung von Tempeln auch in der Hauptstadt, zur Versorgung der königlichen Haushalte mit Arbeitskraft und zu vielen anderen Diensten gezwungen. Auch hatten die Bauern die Ländereien der örtlichen Funktionsträger zu bestellen. Noch in den 1960er Jahren mußte den Beamten ausdrücklich untersagt werden, sich bei Reisen im Lande von den Bauern gratis verköstigen zu lassen, was nämlich die Regel war. Besonders in der Frühzeit der Shah-Dynastie, als die Gorkhalis Eroberungszüge nach Westen unternahmen und mehrere Kriege führten, war der Bedarf an Zwangsarbeitern groß. Gehörten sie nicht zur Armee selbst, so mußten sie Briefe befördern, Waffen und Munition an die Front transportieren und befestigte Stellungen (Forts) bauen. Standen keine Männer mehr zur Verfügung, so zwang man Frauen und Kinder zur Arbeit. Hunderttausende wurden auf diese Weise von der Feldarbeit ferngehalten, mit schwerwiegenden wirtschaftlichen Folgen.

Sklaverei, ebenfalls eine » altehrwürdige Institution « im Himalaya, wurde in der Regel nicht vom Staat praktiziert. Nur in einigen Fällen, so etwa bei der Mißachtung des Kuhschlachteverbots, wurde neben der Todesstrafe auch Versklavung angedroht. Bauern gerieten meist dann in die Sklaverei, wenn sie ihre Schulden nicht zurückzahlen konnten. Da sie nicht Eigentümer des Bodens waren, den sie bewirtschafteten, und ihn nicht als Sicherheit verpfänden konnten, hielt sich der Gläubiger an der Arbeitskraft des Schuldners (Leibeigenschaft) oder an seinem Marktwert (Verkauf als Sklave bis nach Indien und Tibet) schadlos. Um seine Schulden zu bezahlen, half sich ein Bauer oft damit, daß er einen Sohn in die Sklaverei verkaufte. So sollen zum Beispiel während der elf Jahre (1804–1815), in denen König Gibrana Juddha Shah das heute wieder indische Garhwal besetzt hielt (*siehe historische Karte vorn im Umschlag*), etwa 200 000 Personen im Alter zwischen drei und dreißig Jahren versklavt worden sein. Viele Bauernfamilien flohen, ließen ihre Felder im Stich und suchten im fieberverseuchten Tarai oder gar in Britisch-Indien eine neue Heimat. Glaubwürdige Berichte aus jener Zeit schildern die Entvölkerung ganzer Landstriche. So stagnierte die nepalische Landwirtschaft jahrhundertelang.[56]

25 Beim Reisanbau kommt auch heute noch fast ausschließlich Muskelkraft zum Einsatz: Die Männer pflügen mit Hilfe von Ochsen oder Wasserbüffeln; das Auspflanzen der Reisschößlinge ist Frauenarbeit; bei der Ernte helfen alle.

Der enge Zusammenhang zwischen der Landbesitzverfassung, der Lage der Bauern und der landwirtschaftlichen Produktion war den herrschenden Kreisen schon lange bekannt. So wurde die Sklaverei 1927 unter Ministerpräsident Chandra Shamsher Rana endgültig abgeschafft. Im Jahr 1951 kündigte die Regierung die Abschaffung des *birta*-Systems an, aber es dauerte bis 1959, ehe ein entsprechendes Gesetz vom Parlament verabschiedet wurde. Eine Art von **Leibeigenschaft** (*bonded labour, kamaiya*) blieb weiter erhalten, bei der ganze Familien, meist als Folge von Verschuldung, dem Grundherrn botmäßig waren. Sie erhielten zwar Nahrung und

Unterkunft, waren aber ansonsten rechtlos. Das System endete erst im Juli 2000 weitgehend gewaltlos durch Regierungsbeschluß, ließ die so Befreiten allerdings ohne eigene Überlebensbasis zurück. Die Hilfsmaßnahmen der Verwaltung ließen auf sich warten.[57]

Im Jahr 1957 war ein **Landreformgesetz** in Kraft getreten, das das individuelle Bodeneigentum auf rund 16 Hektar im Tarai, 2,6 Hektar im Tal von Kathmandu und vier Hektar im Mittelgebirge begrenzte. Das Überschußland war an den Staat zu verkaufen, zwecks Verteilung an die bisherigen Pächter oder an Landlose. Da die Durchführung aber schleppend voranging, hatten viele Großgrundbesitzer reichlich Zeit, durch Übertragung des Überschußlandes an Familienangehörige die Verfügungsgewalt über ihr ursprüngliches Eigentum letztlich zu erhalten und die Landreform zu umgehen. Statt der erwarteten 250 000 Hektar Überschußland konnte bis 1977 gerade ein Fünftel dieser Fläche erworben und ein Zehntel verteilt werden. Immerhin erhielten viele der kleinen Pächter jetzt den Status eines Landeigentümers (genauer: eines Staatspächters) und waren nur dem Staat steuerpflichtig.

Laut der Statistik von 2000/01 werden von den knapp 2,7 Millionen Hektar Kulturland heute 87 Prozent vom Eigentümer selbst bewirtschaftet; der Rest der Flächen ist gepachtet oder zugepachtet. Dieses auf den ersten Blick überraschend günstig wirkende Bild trübt sich ein, wenn wir erfahren, daß es sich bei knapp 2,2 Millionen Hektar um Kleinbesitz mit einer durchschnittlichen Größe von 1,13 Hektar handelt, und daß nur etwa zehn Prozent bewässert, also von den Launen des Wetters halbwegs unabhängig sind. Demzufolge ist die große Masse derjenigen, die den Boden im Gebirge und im Mittelgebirge bestellen, Kleinbauern geblieben. Ein wachsender Anteil von ihnen kann von seinem Land allein nicht leben und ist auf Zuverdienst angewiesen.

Im Tarai sind die Höfe zwar im Schnitt viermal so groß wie im Bergland, und dort ist die Hälfte von Nepals Kulturland zu finden, aber der Großgrundbesitz hat hier auf die eine oder andere Weise überlebt. Nur 3,4 Prozent der Grundeigentümer besitzen zusammen fast die Hälfte des Kulturlandes, während auf 88 Prozent der Höfe weniger als 15 Prozent des Kulturlandes entfallen. Hinzu kommt, daß die größeren Landbesitzer durchweg an Bewässerungssysteme angeschlossen sind, Zugang zu Krediten, Edelsaatgut und Handelsdünger haben, während dies den Kleinbauern oft verwehrt ist. Kein Wunder also, daß im Tarai die sozialen Unterschiede größer als im Mittelgebirge sind. Während in den Bergen durchweg der Kleinbauer das Bild bestimmt, findet man im Tiefland den Kleinbauern mit Subsistenzwirtschaft und geringem Geldverdienst neben dem modernen Großbauern, der systematisch Überschüsse und Exporterlöse erwirtschaftet.

Betrachten wir nun die einzelnen Wirtschaftssektoren.

Landnutzung in der Krise

Trotz aller Schwierigkeiten, mit denen der Sektor Landnutzung (einschließlich Landwirtschaft, Viehhaltung, Forstwirtschaft und Fischerei) zu kämpfen hat, ist er auch heute noch der mit Abstand wichtigste Wirtschaftszweig des Landes. Noch 2001 waren 66 Prozent der aktiven Bevölkerung in der Landwirtschaft tätig, und schätzungsweise hängen um die 90 Prozent der Bevölkerung von ihr ab. Sie schafft 59 Prozent des Bruttoinlandsprodukts, kann, je nach Jahr, zu mehr als 60 Prozent zu den Exporten beitragen und liefert über 80 Prozent der Rohstoffe für den gewerblichen Sektor.

In den **hohen Gebirgslagen** finden wir eine Kombination von Feld- und Weidewirtschaft, wobei die sommerlichen Yakweideflächen beispielsweise im Gebiet des Mt. Everest bis fast an die Vegetationsgrenze bei nahe 5 000 Metern hinaufreichen. Zwischen 3 000 und 4 200 Metern Höhe finden wir in diesem Raum als Feldkulturen Kartoffeln, Buchweizen, Gerste, Rettich und gelegentlich Breitblattsenf. In weniger extremen Höhen weiden große Herden von Ziegen und Schafen, die im Sommer die Grenze zu Tibet überschreiten, um dort in der fast menschenleeren Landschaft ihr Futter zu suchen. Diese grenzüberschreitende Weidewirtschaft ist durch Verträge geregelt. Die langandauernde Schließung der Grenze zu Tibet durch China hat den Handel mit Salz, Vieh, Wolle und anderen Gütern stark reduziert, mit dem die Hochgebirgsbevölkerung früher ihren Lebensunterhalt verdiente. Auch der Rückgang des nepalischen Produktionsüberschusses an Nahrungsmitteln, der früher in den Tauschhandel einfloß, hat sich nachteilig auf den Außenhandel ausgewirkt.

Das **Mittelgebirge**, das von Natur aus mit einem subtropischen Wald aus Chilaune, Scheinkastanie und vielen anderen Baumarten dicht bewaldet war, wurde im Lauf der Besiedelung Nepals das bevorzugte Rodungsgebiet, wo günstige Böden und vorteilhaftes Klima zuverlässige Ernten versprachen. Die verbliebenen Wälder überließ man dem Vieh – Rindern, Büffeln, Ziegen und in höheren Lagen auch Schafen – als Weide, bis auch diese Flächen mittels Terrassenbau und, wo möglich, Bewässerung unter Kultur genommen wurden. Über Jahrhunderte war die Landwirtschaft des Mittelgebirges autark und stützte sich dabei auf eine ausgewogene Kombination aus Landbau und Viehhaltung. Noch bis 1950 soll der Durchschnittsbauer hier in der Lage gewesen sein, einen leichten Überschuß zu produzieren. Dieser Zustand hat sich seitdem grundlegend geändert.

Ausgedehnte Gebiete des nepalischen Mittelgebirges überraschen den Besucher durch weite Fluchten terrassierter Hänge, die von den Flußufern bis zu den Kämmen der Höhenzüge reichen. Auf den mit Randwällen versehenen Terrassen, wo Regenwasser aufgestaut werden kann, wird Naßreis bis zu einer Höhe von rund 2 000 Metern, auf den leicht abschüssigen Terrassen Hirse bis 2 350 Meter, Mais bis 2 500 Meter und Weizen bis 2 800 Meter kultiviert.[58] Kartoffeln, Jamswurzel (*Dioscorea alata*) und verschiedene Blattgemüse wie Amarant (*Amaranthus viridis*) werden auf offenen Hängen angepflanzt. Im Lauf der Zeit hat sich die gerodete Kulturfläche bis hinauf in die Zone der Rhododendren und Eichen, also bis auf über 3 000 Meter, und hinunter in die wärmeren Täler ausgedehnt, wo Naßreisanbau die Regel ist.

Doch trotz der intensiven Bewirtschaftung treibt die Landwirtschaft des Mittelgebirges einer Katastrophe zu. Während nämlich von Mitte der 1970er bis Mitte der 1980er Jahre die Gesamtbevölkerung Nepals um 17 Prozent zunahm, stieg die Produktion an Nahrungsgetreide um weniger als 15 Prozent, und das bei einer Zunahme der Anbaufläche um fast 25 Prozent. Das bedeutet, daß die Produktionseinbußen durch rückläufige Flächenerträge nur deshalb einigermaßen aufgefangen werden konnten, weil man weiter Wälder abholzte und marginale Böden unter Kultur nahm. Dieser Prozeß wirkte sich besonders verheerend im Mittelgebirge aus, wo in dieser Zeit 56 Prozent der Bevölkerung lebten, aber nur 30 Prozent der Nahrungsmittel erzeugt wurden. Zwischen 1990 und 2005 sank die Pro-Kopf-Produktion von Getreide weiter um gut 6 Prozent.[59] Auf den kleinen Wirtschaftseinheiten des Mittelgebirges, die sich zwischen 0,1 und 0,5 Hektar bewegen und im Schnitt nur den Bedarf von 225 Tagen im Jahr erzeugen können, führen die Menschen ein kärgliches Dasein. Der Bevölkerungsanteil, der unterhalb der nationalen Armutsgrenze lebt, sank zwischen 1990 und 2005 von 42 auf 31 Prozent, und im Rahmen der UN-Jahrtausendziele wird bis 2015 eine Verringerung auf 21 Prozent angestrebt.[60]

Eine rasch wachsende Bevölkerung bei gleichzeitig abnehmender Bodenfruchtbarkeit führt vor allem in Jahren ungünstiger Witterung – verspätete oder überreichliche Monsunregen, Hagelschlag und ähnliches – zu Nahrungsmitteldefiziten mit örtlichen **Hungersnöten**. 47 von 55 Mittelgebirgs- und Gebirgsdistrikten sind chronische *food deficit districts*, die niemals ihren eigenen Nahrungsbedarf decken und bei denen einige nur 25 bis 30 Prozent der Nachfrage aus eigener Produktion befriedigen können. Hier ist ein Überleben nur möglich, wenn Nahrungsmittel von außen herangeschafft werden, wofür im Staatsapparat die *Nepal Food Corporation* verantwortlich ist, die Überschußgetreide im Tarai aufkauft und es mittels Lastwagen, Packtieren und Trägern, in Einzelfällen auch mit Flugzeugen in die Mangelgebiete bringen läßt. Viele Familien können dieses Getreide aber nur kaufen, wenn sie außerhalb ihrer Landwirtschaft Geld verdienen oder ihnen Söhne, die in indischen Städten arbeiten oder als Gurkha-Soldaten in Indien oder Großbritannien Dienst tun, Geld überweisen. Der verzweifelte Versuch, die ausgelaugten oder erodierten Böden durch neue Rodungen zu ersetzen, führte in der Vergangenheit zur physischen Zerstörung des Mittelgebirges durch das Abwaschen der Hänge und ganze Bergstürze.

Das **Tarai** war bis in die jüngere Vergangenheit hinein wegen der endemischen Malaria als Bauernland nur sehr bedingt geeignet. Dessenungeachtet zog der Staat durch den Export von Holz nach Indien beträchtliche Gewinne aus dieser Region. Seit dem Ende der 1950er Jahre, als die Bekämpfung der Malaria Erfolge zeigte, erhielt das Tarai ein vollkommen verändertes Gesicht. Tausende von Siedlerfamilien kamen aus Indien, später auch aus dem Mittelgebirge und aus anderen asiatischen Ländern, in die Nepaler früher ausgewandert waren. Sie rodeten aus eigener Initiative Wald oder bewarben sich um eine Parzelle in einem der staatlich geförderten **Siedlungsprojekte**. Tibetische Gebetsfahnen über Wohnhäusern zeigen an, daß sich selbst Familien aus den höheren Gebirgsregionen heute im Tarai niedergelassen haben.

Schon immer hatten die wenigen Bauern dort Naßreis, Ölsaaten, Zuckerrohr und Tabak angebaut, und ein Teil der Felder wurde bewässert, indem man die aus dem Mittelgebirge austretenden Flüsse durch Wehre abschloß und das Wasser auf die Felder leitete. Heute ist der größte Teil des Trockendschungels abgeholzt, das Tarai wurde zur »Kornkammer Nepals« und zum **Auffangbecken der Überschußbevölkerung** aus dem Mittelgebirge.[61]

Die Gesamtsituation der nepalischen Agrarproduktion, vor allem was die Erzeugung von Grundnahrungsmitteln betrifft, muß als kritisch bezeichnet werden. Noch in den 1960er Jahren brachte ein normales Erntejahr einen Überschuß von über 300 000 Tonnen Nahrungsgetreide, vor allem Reis und Weizen, der exportiert werden konnte. Aber von Mitte der 1970er bis Mitte der 1980er Jahre wuchs die Bevölkerung im Schnitt um 2,7 Prozent, die Getreideproduktion aber nur um 1,3 Prozent jährlich. Es konnte nicht

26 Der bodenschonende Terrassenfeldbau hat in Nepal alte Tradition. Im Mittelgebirge zwingt der Bevölkerungsdruck die Bauern dazu, immer steilere Hänge unter Kultur zu nehmen.

ausbleiben, daß die Nahrungsmittelbilanz Nepals immer häufiger defizitär wurde. Im Zeitraum 1982/83 beispielsweise wies das Landwirtschaftsministerium ein Defizit von 111 000 Tonnen Getreide aus. Inzwischen hat Nepal den Schritt vom Getreideexport- zum **Getreideimportland** getan, und es bleibt ein großes Problem, die Defizitdistrikte im Gebirge und im Mittelgebirge entweder in die Lage zu versetzen, ihren Bedarf an Grundnahrungsmitteln eigenständig zu decken, oder sie von außen zu versorgen. Gegen Ende der 1990er Jahre waren von den 75 Distrikten drei sehr schwer, acht schwer, 16 mittelschwer und 17 leicht defizitär. Der Transport stellt das Land auf jeden Fall vor erhebliche technische, finanzielle und – seit der Aktivität der Maoisten und später anderer Gruppen – auch politische Probleme.

Der systematische Aufbau einer **Viehhaltung** in Verbindung mit Weideverbesserung, Zucht und veterinärmedizinischem Dienst ist verhältnismäßig jungen Datums. Zwar ist das Halten von Tieren, besonders von Rindern und Büffeln, Ziegen und, in größeren Höhen, von Schafen und Yaks gängig, aber ihre Fleisch- und Milchleistung war stets sehr dürftig. Kühe gaben üblicherweise kaum mehr als einen Liter Milch am Tag, und mit immer knapper werdendem Brennholz wird der Dung, früher auch ein Grund für die Viehhaltung, heute schon weitgehend zu Brennstoff verarbeitet und dem Feld entzogen. Einiger Erfolg ist dem Weideentwicklungsprogramm in den nördlichen Grenzdistrikten beschieden, so daß die Notwendigkeit, das Vieh auf tibetische Weiden zu treiben, zurückzugehen scheint. Die Einkreuzung importierter Rassen stößt gelegentlich auf Anpassungsschwierigkeiten bei den Tieren.

Über den alarmierenden **Rückgang der Waldfläche**, der bis in die 1990er Jahre anhielt, wurde schon berichtet. Ende der 1980er Jahre war Nepal offiziell nur noch zu 29 Prozent bewaldet. Von den mehr oder weniger intakten Waldflächen entfielen je 32 Prozent auf Gebirge und Mittelgebirge, 26 Prozent auf die Chure-Hügel (Siwaliks) und der Rest von zehn Prozent auf das Tarai. Diese Region, die nur 14 Prozent der Staatsfläche ausmacht, besaß 42 Prozent des Akkerlandes – zum großen Teil auf früheren Dschungelflächen.[62] Aktuelle amtliche Statistiken, die 43 Prozent der Staatsfläche als Wald verzeichnen, beziehen dabei Buschwerk und Gestrüpp (Macchie) mit ein, die zwar ein sichtbares Zeichen des Nachwachsens von Gehölzen sind, aber keinen vollwertigen Wald bilden.

Es vergeht kein Tag, an dem die Presse nicht auf die Bedeutung der Wälder, ihre Schutzfunktion für die Böden und das genetische Potential des Landes, auf ihre Rolle als Energielieferant und auf ihre Bedrohung durch den Menschen hinweist. Neben Meldungen über Aufforstungsprojekte in allen Teilen des Landes, die in den letzten Jahren im Schnitt 2 500 Hektar jährlich betrugen, deren Erfolg aber nur mit 60 Prozent des Planziels angesetzt wird, berichten die Zeitungen laufend über Waldfrevel, Schmuggel von Rundholz über die offene Grenze nach Indien und darüber, daß in vielen Fällen staatliche Forstbedienstete ihre Aufsichtspflicht verletzen oder gar mit von der Partie sind.

Daß der Bestand an exportwürdigen Hölzern stark zurückgeht, zeigt die Statistik. Während 1966 noch 177 300 Tonnen Rund- und Schnittholz nach Indien exportiert wurden, war dieser Ausfuhrposten zwischen 1975 und 1985 bereits auf einen Mittelwert von 30 000 Tonnen im Jahr zurückgegangen – natürlich zuzüglich dessen, was illegal geschlagen und außer Landes gebracht wurde. Die Besitzer der heimischen Sägewerke und selbst der Streichholzfabriken klagen seit langem über einen schleppenden Nachschub an Rohholz. Noch in den 1980er Jahren verbot die Regierung jeden Export von Rundholz ins Ausland, und es werden auch keine Exportziffern mehr veröffentlicht, aber natürlich gibt es immer wieder Ausnahmen.

Als man 1957 allen Wald verstaatlichte, löste das unter der Landbevölkerung den Wunsch aus, sich ohne Rücksicht zu bedienen, solange es noch möglich war. Im Jahr 1978 übertrug man die Verantwortung wieder den Gemeinden. Seitdem haben sich die **Gemeindeforsten** vielerorts zu lokalen Schatzkammern entwickkelt, die der Dorfbevölkerung eigenes Investitionskapital zur Verfügung stellen, zum Beispiel zur Verbesserung der Infrastruktur. Nach den Erfahrungen der letzten Jahrzehnte darf man auf weitere Erfolge hoffen,[63] und allein im Jahr 2000 wurden fast 800 000 Hektar Forstfläche an die Gemeinden übergeben.

Im Gegensatz zu den trüben Aussichten für Land- und Forstwirtschaft zeigt sich die Zukunft der **Fischereiwirtschaft** eher in rosigem Licht. Dieser für Nepal praktisch ganz neue Wirtschaftszweig – als Binnenland kennt es keinen Seefisch, und Fischteiche waren höchstens bei ein paar Großgrundbesitzern im Tarai zu finden – entstand mit der Errichtung der staatlichen Fischereistation von Janakpur im Tarai im Jahre 1963 und wurde seitdem ständig über Entwicklungshilfe betreut. Heute besitzt das Land zwölf Fischereizentren, die 21 Distrikte versorgen.

Die naturräumliche Basis sind die reichen Wasserflächen: 395 000 Hektar Flüsse und Bäche, 5 000 Hektar natürliche Seen, 2 000 Hektar alte Dorfteiche, 1 380 Hektar Stauseen und eine Fläche von 120 000 Hektar an Naßreisfeldern. Dieses Potential wird heute noch keineswegs voll genutzt, denn der Fischfang in freien Gewässern bringt gegenwärtig nur ein, Aquakultur (also Teichwirtschaft und *cage culture*) aber zwei Drittel der Produktion.

Die Fischereipolitik hat bewirkt, daß im Tarai über 4 000 Hektar an neuen Fischteichen gegraben wurden und diese Region allein über 6 000 Tonnen Fisch produziert, rund die Hälfte der gegenwärtigen Gesamtproduktion von mehr als 12 000 Tonnen im Jahr. Nicht nur kann man heute Taraifische auf dem Markt von Kathmandu kaufen, es werden auch bereits 2 000 Tonnen im Jahr in grenznahe indische Orte geliefert. Allerdings wurde bis zum Jahr 2000 ein Rückgang der Fischteichfläche im Tarai um ein Achtel, auf 3 500 Hektar, festgestellt. Die Steigerung des Fischkonsums würde in Nepal nicht nur den Anteil tierischen Proteins an der Ernährung vergrößern, er könnte auch eine zusätzliche oder alternative Einkommensquelle für die Bauern bedeuten. Noch ist der Pro-Kopf-Verbrauch mit 0,7 Kilogramm im Jahr sehr niedrig, doch besteht berechtigte Hoffnung, ihn in ein bis zwei Jahrzehnten wie geplant auf zwei Kilogramm zu erhöhen, wenn es gelingt, die Produktion an Fischbrut und Jungfischen sicherzustellen.

Die Grenzen der Energiewirtschaft

Im Jahre 1911 schlug die Stunde der Elektrizität, als das kleine 500-Kilowatt-Wasserkraftwerk bei Pharping – unweit des Austritts der Bagmati aus dem Kathmandu-Tal – errichtet wurde. Seine Stromproduktion diente in erster Linie dazu, die Stuckpaläste und Ministerien der damals tonangebenden Rana-Familie zu illuminieren. Im Jahr 1934 kam das 800-Kilowatt-Wasserkraftwerk von Sundarijal am nördlichen Talrand dazu, das nun Strom an jeden lieferte, der dafür zu zahlen bereit und in der Lage war. Erst 1956 wurde eine zusätzliche Dieselkraftstation von 1 600 Kilowatt in Kathmandu errichtet, mit der sozusagen die Elektrifizierung des Tals begann. Bis 1969 gab es in Nepal fünf Wasser- und elf Dieselkraftwerke mit einer installierten Kapazität von zusammen 25 828 Kilowatt. Fünf weitere Wasser- und zwei Dieselkraftwerke mit zusammen 20 000 Kilowatt waren zu diesem Zeitpunkt im Bau. Im Jahr 2001/02 betrug die installierte Kapazität 584 557 Kilowatt, davon 90 Prozent in Wasserkraftwerken.

Angesichts der hydrologischen Verhältnisse im Himalaya haben die **Wasserkraftwerke** bei der Energieplanung bis heute eine hohe Priorität. Nach sorgfältiger Untersuchung von 33 größeren und 82 kleineren Wassereinzugsgebieten errechnete Dr. Hari Man Shrestha 1965 ein Wasserkräftepotential der nepalischen Flüsse von etwas mehr als 83 000 Megawatt, wovon allerdings nur etwa 27 000 Megawatt wirtschaftlich nutzbar sind. Damit gehört Nepal zu den Ländern der Erde mit dem größten Potential an Wasserkräften.

Seit 1950 wurde viel in die Nutzung dieses Potentials investiert, aber es zeigte sich, daß der Weg von der Identifizierung einer *dam site* bis zur Produktion von Strom ein weiter und von der Stromerzeugung bis zur Versorgung der Masse der Bevölkerung mit Strom ein noch weitaus längerer ist. Viele von der Topographie und der Hydrologie begünstigten möglichen Dammbaustellen lagen fast durchweg an Orten, die man nur zu Fuß erreichen konnte und die für schweres Baumaterial unerreichbar waren – es sei denn, man baute zunächst eine Zubringerstraße.

Daß der Bau von wirklichen Hochdämmen, welche die nach Süden offenen Himalayatäler »zumauern«, um Energie zu erzeugen und die Überschwemmungen von Indien und Bangladesch in den Griff zu bekommen, enorme Kosten mit sich bringt, ist leicht einzusehen. Weniger wird über das Risiko gesprochen, das solche Dämme mit ihrem gewaltigen Stauvolumen in einem seismisch instabilen, also erdbebengefährdeten Gebiet zwangsläufig darstellen. Ebensowenig spricht man darüber, daß die enormen Geschiebefrachten der Himalayaflüsse derartige Staubecken in 25 Jahren füllen und damit wertlos machen können. Obschon viele Millionen US-Dollars in Durchführbarkeitsstudien und Untersuchungen aller Art gesteckt wurden, hat man sich bisher nicht an den Bau solcher Dämme über die drei größten Flüsse Karnali, Gandaki und Kosi gewagt. Dennoch stand nach der Jahrtausendwende eine installierte Wasserkraftkapazität von rund 538 Megawatt zur Verfügung.

Bis jetzt werden also nur 0,6 Prozent des wirtschaftlich nutzbaren Wasserkraftpotentials in Strom umgesetzt. Elektrizität deckt nur 1,4 Prozent des nationalen Energiebedarfs, wennschon offiziell 3,6 Millionen Menschen in allen 75 Distrikten in irgendeiner Form Zugang zu Elektrizität haben. Nach der offiziellen Energiebilanz des Fiskaljahres 2000/01 werden noch immer 86,4 Prozent des Bedarfs aus sogenannten »traditionellen« Energiequellen gedeckt, und zwar 77,2 Prozent aus Brennholz, 3,5 Prozent aus pflanzlichen und 5,7 Prozent aus tierischen Abfällen. Hier erkennen wir die Zusammenhänge zwischen der Entwaldung Nepals und der Verarmung seiner Böden, weil Pflanzenreste und Tierdung zu einem großen Teil verfeuert werden, statt sie dem Boden zurückzugeben. Demgegenüber wird der kleine Rest von 13,6 Prozent aus sogenannten »kommerziellen« Energiequellen gedeckt, nämlich 9,5 Prozentpunkte aus Erdölprodukten, 2,8 Prozentpunkte aus Kohle und 1,4 Prozentpunkte aus Strom.

Diese eigenartige Energiebilanz wird verständlich, wenn man sich vor Augen hält, daß noch immer über 90 Prozent der Menschen auf dem Lande weitab von jeder modernen Wirtschaft leben

27 Kleines Wasserkraftwerk mit Staubecken und Hängebrücke in der Nähe von Butwal. Wasserkraft liefert 90 Prozent des elektrischen Stroms, aber dieser deckt nur 1,4 Prozent des nationalen Energiebedarfs.

und der Transport von kommerziellen Energieträgern sehr teuer (Erdölprodukte) oder ohne erhebliche Investitionen überhaupt unmöglich ist (Elektrizität). Man hat in der offiziellen Energiepolitik deshalb schon seit Jahren beträchtliches Gewicht auf die Förderung von kleinen, örtlichen Wasserkraftwerken, Wassermühlen und anderen »alternativen« Energiequellen gelegt. Heute finden wir in Nepal Hunderte kleiner Hydrogeneratoren, Biogasanlagen, in geringerem Umfang auch Sonnenkollektoren und Sonnenwassererhitzer. Immer wieder wird über neue Erfindungen etwa in Form von holzsparenden Kochstellen, den Einsatz von Biogas zur Stromerzeugung und dergleichen berichtet, und seit Jahren läuft ein *Rural Electrification Programme,* das deutliche Erfolge zeigt. Hatten in den 1980er Jahre etwa sechs Prozent der Nepaler Zugang zu Elektrizität, so stieg diese Zahl bis Mitte 2001 auf schätzungsweise 17 Prozent.

Dabei waren und sind etliche Hürden zu nehmen. Zunächst einmal ist es überhaupt schwierig, derartige Geräte populär zu machen. Ein großer Teil dieser Anlagen fällt darüber hinaus nach kurzer Zeit aus, weil sie niemand reparieren kann. Häufig kommt es auch zu Streitigkeiten über Besitzansprüche am Standort, am Rohstoff oder am Gerät. In vielen Fällen müßte zunächst die heterogene Dorfgesellschaft auf die neue Technologie eingeschworen werden, ehe sie auf Dauer funktionieren könnte; dafür aber ist niemand zuständig.

Kommerzielle Energie, vor allem Elektrizität, ist vornehmlich für den nicht-landwirtschaftlichen Sektor, also für Industrie, Dienstleistungsgewerbe, Verkehr und dergleichen bestimmt. Seit Jahrzehnten aber dient sie überwiegend der Hebung der Lebensqualität derer, die sie sich leisten können. Heute werden 33,9 Prozent der erzeugten Elektrizität von Haushalten und 45,4 Prozent von Industrie und Handel verbraucht; 11,8 Prozent werden exportiert.

Trotz aller Bemühungen wird der weitaus größte Teil der Bevölkerung ihren Energiebedarf auch in Zukunft aus den Wäldern decken. Die weitere Aufforstung, vor allem aber die geschickte Nutzung der Waldflächen auf Gemeindeland (*community forests*), die in den letzten zwanzig Jahren nachgewachsen sind, besitzt daher allergrößte Wichtigkeit.

Straßen, Wege, Pfade

Der Verkehrswirtschaft kommt aus verschiedenen Gründen eine Schlüsselrolle bei der Entwicklung des Landes zu. Über die Jahrhunderte war Nepal – wenn man von einigen wenigen Träger- und Packtier-Traversrouten absieht, die die Verbindung zwischen Indien und Tibet herstellten – kreuz und quer von zahllosen Pfaden durchzogen, die Generationen von Bauern als Träger mit ihren **bloßen Füßen** in die Hänge und durch die Täler getreten hatten. Recht eigentlich » angelegt « wurden diese Wege nie – sie entstanden einfach. Noch bis in die Mitte des 20. Jahrhunderts waren sie die einzigen Verkehrswege des Mittelgebirges, wennschon sie an einigen Stellen aus militärischen Gründen besser ausgebaut waren und etwa von Reitpferden benutzt werden konnten. Pferdewagen konnten darauf nicht fahren, und der gebietsweise Einsatz von Packtieren, zu denen auch Schafe und Ziegen für den Salz- und Getreidetransport zählten, war der Gipfel der Transporttechnologie.

Im Tarai war die Lage etwas günstiger. Hier konnten **Ochsengespanne** die im Winter staubigen und im Sommer schlammigen Karrenwege benutzen, um etwa die Endstationen der indischen Eisenbahn jenseits der Grenze zu erreichen. Zwar hat man versucht, die Gleise an zwei Stellen nach Nepal hinein zu verlängern, aber es ist davon nicht viel übriggeblieben. Auch die Material-**Seilbahn**, die man noch 1928 vom Tarai bis zum Kathmandu-Tal baute, verfiel mangels Instandhaltung. Sie wurde erst 1960 durch eine neue ersetzt, die aus den gleichen Gründen heute stilliegt. Wenn im Tal einige Kraftwagen fuhren, die der herrschenden Rana-Familie gehörten, so waren diese zusammen mit anderen Luxusgütern wie Spiegeln, Kronleuchtern, Konzertflügeln und Generatoren zuvor auf Trägerrücken über die Mahabharat-Berge transportiert worden. So sah der Verkehrssektor aus, als Nepal 1950 in seine Neuzeit eintrat.

Das erste moderne Verkehrsmittel, welches das rings von Bergen eingeschlossene Kathmandu-Tal nicht auf Trägerrücken erreichte, war das Flugzeug, das hier erstmals im Jahr 1949 landete. Es dauerte noch mindestens sieben Jahre, ehe ein Automobil die Hauptstadt aus eigener Kraft erreichte, nachdem die indische Armee als » Entwicklungshilfe « eine Straße durch die Mahabharat-Kette gebaut hatte. Sie benötigte 115 Kilometer Länge, um eine Distanz von

28 Die Straßen insbesondere im weichen Gestein und Sediment der Chure-Hügel sind oft instabil, und im Monsun blockieren vielerorts Erdrutsche den Verkehr. Jährlich sterben Hunderte von Menschen bei Busunfällen.

35 Kilometern zu bewältigen. Auch im Tal von Pokhara kam 1952 zuerst das Flugzeug, aus dem man 1959 den ersten Geländewagen auslud. Das Jahr 1961 wird als dasjenige genannt, in dem der erste Ochsenkarren, der ebenfalls per Flugzeug gekommen war, seinen Weg durch Pokhara nahm.

Seitdem hat die nepalische Verkehrspolitik mit in- wie ausländischer Förderung ehrgeizige Ziele erreicht. Es gab Mitte März 2001 in Nepal 4577 Kilometer Asphaltstraßen, 3696 Kilometer Schotterstraßen und 7185 Kilometer Erdstraßen einschließlich einer Straßenverbindung nach Lhasa (Tibet). Die 1958 als *Royal Nepal Airlines Corporation* gegründete **Fluggesellschaft** (der Bezug auf die Krone wurde 2006 aus den Namen aller Staatseinrichtungen getilgt) trug die Farben Nepals zwischenzeitlich im Osten über Shanghai bis Osaka und im Westen über Dubai und Frankfurt bis London, mußte ihre Auslandsflüge aufgrund von Mißwirtschaft aber bis zum Jahr 2007 weitgehend einstellen. Seit 1992 das staatliche Monopol endete, wird sie im Binnenverkehr durch private Fluggesellschaften unterstützt. Vierundvierzig Flugfelder im Inland werden teils planmäßig, teils saisonal angeflogen; darüber hinaus gibt es 61 offizielle Helikopterlandeplätze. Insgesamt wurde 31 privaten Flugbetreibern das *Air Operator Certificate* erteilt.

Die Zahl der in Nepal zugelassenen Kraftfahrzeuge hat sich von einigen wenigen im Jahre 1950 auf gegenwärtig 300 000 erhöht. Davon sind 54 Prozent Motorräder.

Finanziert wurde der **Straßenbau** vor allem durch ausländische Hilfe, wobei Indien und China an der Spitze stehen, gefolgt von den USA, Großbritannien, der damaligen Sowjetunion und der Schweiz. Inzwischen ist die Ost–West-Fernstraße (*Mahendra Highway*) vollendet und war im Jahr 2000 durchgehend in gutem Zustand; etliche Abschnitte müssen heute bereits wieder von Grund auf instandgesetzt werden. Das gilt auch für die Verbindung Kathmandu–Pokhara (*Prithvi Highway*), Pokhara–Tarai (*Siddhartha Highway*), und die »*Chinese Road*« (*Arniko Highway*), die zur tibetischen Grenze bei Kodari führt. Im Bau befindet sich eine neue Straßenverbindung nach Tibet, tatsächlich die Wiederbelebung der wahrscheinlich ältesten Handelsroute durch Nepal, die von Kathmandu über Trisuli zum Grenzort Rasuwagadhi und dann über den Kerung-Paß führt. Sie war nach Eröffnung des *Arniko Highway* geschlossen worden.

Technisch hat das Straßenbauprogramm die Ingenieure vor erhebliche Probleme gestellt und die Instandsetzungstrupps in Atem gehalten. Das junge, weitgehend entwaldete Gebirge erwies sich als äußerst instabil, und die durch den Bau und die Benutzung der Straßen ausgelösten Erdrutsche dürften in absehbarer Zeit nicht aufhören. Selbst die mit hervorragender technischer Sachkenntnis angelegten Bergstraßen, wie die chinesische Straße nach Kodari und die schweizerische Straße über Lamosangu nach Jiri, waren vor solchen Katastrophen nicht gefeit. Vor allem die Strecke vor der tibetischen Grenze durch die Schlucht des Bhote Kosi ist so anfällig, daß der Verkehr durch herabrutschende Erdmassen oder wegen von Fluten weggerissener Brücken hier manchmal monatelang zum Erliegen kommt. Angesichts der weiteren Planungen für Straßen quer durchs Mittelgebirge (zum Beispiel die Strecke Pokhara–Surkhet), darf man davon ausgehen, daß der Bau und vor allem die Instandhaltung dieser Verkehrsträger ein »Jahrhundertwerk« wird. Im Tarai liegen die Dinge technisch etwas anders, wenn auch nicht weniger schwierig. Statt der Erdrutsche haben wir es hier mit alljährlich wiederkehrenden Überschwemmungen und Flußbettverlagerungen zu tun, die einen enormen Aufwand beim Brücken- und Dammbau verlangen; all die großen und kleinen Flüsse des Landes, die das Tarai von Nord nach Süd durchlaufen, muß die Ost–West-Fernstraße überqueren.

Fragt man sich allerdings, ob die Menschen in den nun an das Straßennetz angebundenen Regionen mehr und vielfältiger produzieren, ob sich ihre **Einkommensverhältnisse** gebessert haben, ob sich zwischen den reicheren und ärmeren Gebieten und Personengruppen ein Ausgleich eingestellt hat, so ist die Antwort durchweg enttäuschend.

Die Existenz einer Straße hat sicherlich den Zugang zu ihrem Einzugsgebiet erleichtert. Busse und Lastwagen tauchen jetzt da auf, wo bisher nur Fußgänger und Träger das Bild und die Wirtschaftsstruktur bestimmten; Regierungsvertreter sehen nun öfter da » nach dem Rechten «, wo sie früher vielleicht alle paar Jahre einmal erschienen; die Kaufläden bieten jetzt Petroleum, Bier, Coca Cola und dergleichen an, das früher kaum oder niemals den Weg hierher fand und viel teurer war. Aber es werden jetzt auch die billigen indischen Industrieerzeugnisse eingeschleust, die manchen dörflichen Handwerker um seinen Marktanteil bringen.

Andererseits erleichtert die Straße den Abfluß von Gütern ebenso wie den von Menschen. Die Stadt rückt näher, und mancher junge Bauer verweigert seine Mitarbeit an gemeinschaftlichen Dorfentwicklungsprojekten, weil er glaubt, er könne in der Stadt auf angenehmere Weise Geld verdienen. Ermutigt man die Bauern, marktgängige Güter wie Gemüse und Obst zu produzieren, so verschlingt der Zwischenhandel oft so viel vom Endpreis, daß ihre zusätzliche Mühe nicht viel einbringt. Auch der Abtransport von Ressourcen wie Erzen oder Rundholz geht auf der Straße leichter vor sich, ohne daß die Bevölkerung der Region einen Vorteil davon hätte. Selbst aus *food deficit districts* fließt noch Nahrungsgetreide ab, weil man im Rahmen einer » Marktintegration « Bargeld braucht.

In vielen Fällen schuf nur der Bau einer Straße selbst temporär zusätzliches Einkommen, während ihre Existenz, wie so oft bei » Entwicklungsprojekten «, den Transportunternehmern, Händlern und den wohlhabenden Bauern Vorteile brachte. Es ist hier nicht der Ort, diesen Dingen im einzelnen nachzugehen; man sollte aber verstehen, daß die Formel » Ohne Straße keine wirtschaftliche Entwicklung « einen komplexen Sachverhalt unzulässig vereinfacht.

Dessenungeachtet wird der Straßenbau im Mittelgebirge Nepals unaufhaltsam weitergehen.

Man sollte auch nicht verkennen, daß er nach wie vor nur einen kleinen Teil des Landes wirklich berührt. In den weitaus größten Gebieten bestimmen unverändert Träger und bestenfalls Packtiere das Bild. Hier wird es auch in der absehbaren Zukunft darum gehen, das Wegenetz vor allem durch den Bau von stabilen Hängebrücken zu verbessern und den Menschen so auf »angepaßte« Weise das Leben zu erleichtern.

Bergbau, Industrie, Gewerbe

Das nepalische Mittelgebirge ist reich an kleinen Lagerstätten von Metallerzen wie Eisen, Kupfer, Zink und Blei, und man spricht auch von Gold- und Silbervorkommen; ferner werden unter anderem Glimmer, Magnesit und verschiedene Steine und Erden genannt. Große Hoffnung wird auf Erdgas und Erdöl gesetzt. Aber der größte Teil der noch wenig erforschten Lagerstätten ist klein, weit im Mittelgebirge verstreut und liegt abseits jeder modernen Transportverbindung. Die Erze sind überwiegend arm. Mitte der 1980er Jahre wurden zwei Tonnen metallisches Kupfer im zentralen und östlichen Mittelgebirge produziert und etwa 20 000 Tonnen Magnesit in Kharidhunga an der Straße Lamosangu–Jiri für den Export gefördert. Bei den übrigen statistisch erfaßten Bergbauprodukten handelt es sich um **Kalk** für die Herstellung von Düngekalken, Zementkalkstein, Lehme, Talkum und Lignit. Letzteres gehört zu den verstreut liegenden, sehr jungen **Kohlen**, also auch Torfen und schlechten Braunkohlen, die örtlich zum Hausbrand genutzt werden, bei einer Förderung von heute 10 000 Tonnen als industrielle Brennstoffe aber keine Rolle spielen werden.

An einigen Orten im Tarai, im Kathmandu-Tal und bei Muktinath (Distrikt Mustang) entweicht **Erdgas**, doch ist die wirtschaftliche Bedeutung gering. Die letzte Produktionsziffer betrug 116 690 Kubikmeter (1990/91). Im ganzen besteht derzeit wenig berechtigte Hoffnung, auf größere Erdgas- oder gar Erdölvorräte zu stoßen, doch vergab die Regierung Konzessionen, und im Sommer 1989 sollen Versuchsbohrungen im Tarai niedergebracht worden sein.

29 Industrieanlagen findet man vorwiegend im Tarai. Die Mauer dieser Seifen-
fabrik verspricht » einheimische Seife von ausländischer Qualität «.

Der Aufbau und die Förderung der **gewerblichen Wirtschaft**,
insbesondere der Fertigungsindustrie, ist seit einigen Jahrzehnten
Bestandteil der nepalischen Entwicklungspolitik. Angesichts einer
weiter wachsenden Bevölkerung, schrumpfender Bodenreserven
und rückläufiger Flächenerträge bleibt sie neben den Dienstlei-
stungen die einzige echte Alternative des Broterwerbs außerhalb
des Agrarsektors.

Bei der Beurteilung der gewerblichen Wirtschaft Nepals muß
man aber zwischen dem modernen Industriesektor und der dörflichen und städtischen Heim- und Kleinindustrie (*cottage industry*)
unterscheiden. Moderne Industriebetriebe, die mindestens zehn
Personen beschäftigen oder/und entwickelte Technik benutzen,
wurden beim letzten Industriezensus (2001/02) mit 3 213 Unternehmen und einer Beschäftigtenzahl von 191 853 beziffert, was
knapp zwei Prozent der wirtschaftlich aktiven Bevölkerung über
zehn Jahre entspricht.[64] Im Industriezensus von 1987/88 wurden
noch 9 359 Betriebe mit 152 579 Beschäftigten gezählt, was 1,8 Prozent der aktiven Bevölkerung entsprach.[65]

Die Unternehmen, die in so unterschiedlichen Branchen wie
der Weiterverarbeitung agrarischer Rohprodukte (allein 70 Prozent der Betriebe), der Herstellung alkoholischer und alkoholfreier

Bergbau, Industrie, Gewerbe

Getränke, von Ziegeln, Schuhen, synthetischen Textilien, Plastikartikeln und Gefäßen aus rostfreiem Stahl, von Sperrholz und Zement tätig sind, haben ihre Kapazität bis heute kaum jemals voll ausgeschöpft. Dessenungeachtet wird gemeldet, daß Nepal als Folge der Industrialisierungspolitik in einer ganzen Palette von Produkten des Grundbedarfs den Zustand der Selbstversorgung erreicht habe. Das gilt etwa für gewisse Backwaren, Obstkonserven, Bier und andere Getränke, Teigwaren, Holz- und Metallmöbel, Moniereisen, Kunststoffröhren, Gummisandalen und Plastiktüten, Trokkenbatterien, Waschseife und etliche Artikel des Bürobedarfs. Daß der Einsatz von **Kinderarbeit** in der Größenordnung von 45 Prozent aller Kinder unter 15 Jahren dem Ansehen Nepals in Europa und vor allem beim Teppichabsatz geschadet hat, sei hier nur eben angesprochen. Im Jahr 1995 trat Nepal dem »Internationalen Programm zur Bekämpfung der Kinderarbeit« bei und wird heute von der Gesellschaft für Technische Zusammenarbeit (GTZ) im Rahmen einer »Verbesserung der Situation von arbeitenden Kindern« gefördert, was den Schulbesuch einschließt.[66]

Der Versuch, ausländisches Kapital zur Gründung von Partnerschaftsunternehmen (*joint ventures*) anzulocken, hatte bislang nur bescheidenen Erfolg. Von 30 abgeschlossenen Verträgen beziehen sich 28 auf indische Partner, die sich nicht unbedingt in importsubstituierenden, exportfördernden oder den Grundbedarf befriedigenden Branchen – den Hauptprioritäten der nepalischen Industrialisierungspolitik – engagieren möchten.

Noch steht Nepal bei seinen Bemühungen um industriellen Aufbau vor **strukturellen Schwierigkeiten**, die, wenn überhaupt, nur langfristig überwunden werden können. Dazu gehört zunächst seine geographische Lage als Binnenstaat, der jederzeit von Indien blockiert werden kann. Sein Zugang zum Meer hängt von der Gnade des südlichen Nachbarn ab. Da ist ferner seine Topographie, die es schwer macht, Menschen und Güter innerhalb des Landes zu befördern, während sie gleichzeitig indischen Waren einen leichten Zugang gestattet. Die Rohstoffbasis des Landes ist schmal, und die Erhöhung der Produktion agrarischen und forstlichen Rohmaterials wird bald nur noch auf Kosten der Nahrungsmittelerzeugung möglich sein. Zwar sind die Energiereserven des Landes enorm, aber ihre Mobilisierung erfordert gewaltige Investitionen, die das Land nicht aus eigenen Mitteln aufbringen kann.

Selbst wenn alle diese Schwierigkeiten durch technische und vertragliche Hilfe überwunden werden könnten, so bleibt der menschliche Faktor in Gestalt von mangelhaftem Management und fehlenden Fachkräften auf allen Ebenen als Problem bestehen. Die Diskussion um die Privatisierung der defizitären und schlecht geführten Staatsbetriebe stößt sich an der Frage, ob denn die Privatbetriebe des Landes um so vieles besser geführt werden. Hier wie dort bedarf es noch der Ausbildung und der Erfahrung wenigstens einer ganzen Generation. Es scheint tatsächlich noch zu früh für Nepal zu sein, in voller Breite ins Industriezeitalter einzutreten. In den letzten Jahren haben sich zudem Maoisten und andere Gruppierungen nicht gescheut, kleine Fabriken und andere der wirtschaftlichen Entwicklung dienende Einrichtungen in die Luft zu sprengen.

Als Alternative und zugleich als eine Art Zwischenstufe bietet sich hier nun die Klein-, Dorf- oder **Heimindustrie** (*cottage industry*) an. Es handelt sich dabei um kleinste Einheiten, die auf der Basis vor allem heimischer Rohstoffe und unter Berücksichtigung der örtlichen Nachfrage, aber durchaus auch für den Markt Güter und Dienste produzieren. Auf diese Weise wird zusätzliches Einkommen geschaffen und oftmals die tote Jahreszeit in der Landwirtschaft produktiv überbrückt. Im Jahr 1987 waren bei der zuständigen Behörde mehr als 31 000 solcher Betriebe mit mehr als 162 000 Beschäftigten registriert, deren jährlicher Produktionswert mit 5,6 Milliarden Rupien veranschlagt wurde. Derzeit sind die Zahlen auf gut 10 000 Betriebe mit 80 000 Beschäftigten zurückgegangen. Man nimmt aber an, daß etwa 300 000 Personen im formellen und vielleicht eine Million im informellen Sektor beschäftigt sind. Wenn heute elf Prozent der heimischen Produktion aus dem Industriesektor kommen, so entfallen allein sechs Prozentpunkte auf solche Klein- und Heimindustrien.

Es scheint, daß der Weg zur Industrialisierung Nepals über diese kleinen, überschaubaren Betriebe führt. Hier können sich künftige Manager und Techniker das Rüstzeug holen, das es ihnen oder ihren Kindern ermöglicht, später einmal »im großen Stil« ins Geschäft einzusteigen. Der neugeprägte Begriff des »**Barfußkapitalisten**« (G. Sornam) erscheint hier nicht unzutreffend.

Chancen und Gefahren des Tourismus

Die führende Branche in der nepalischen Dienstleistungswirtschaft ist der Fremdenverkehr. Als in den 1950er Jahren die ersten Touristen in einem alten Dakota-Flugzeug landeten und Boris' »Royal Hotel« ansteuerten, damals die einzige westlichen Vorstellungen entsprechende Unterkunft, und auch als 1961 ganze 4600 Fremde das Land besuchten, war schwer vorstellbar, daß sich ihre Zahl in fünfundzwanzig Jahren mehr als verfünfzigfachen würde. Im Jahr 1988 zählte man bereits 265883 Touristen, und ihre Ausgaben wurden mit 37 Prozent der Deviseneinnahmen angegeben.[67] Ziel der Regierungspolitik war es deshalb, die Zahl der Einreisenden bis zum Jahre 2000 auf eine Million zu bringen. Daß die Marke einer halben Million nicht überschritten wurde und der Trend selbst vor der Jahrtausendwende, also vor den heftigsten Bürgerkriegsjahren, eher in die entgegengesetzte Richtung zeigte, wird vor allem einer schwachen Selbstdarstellung Nepals im Ausland (*tourism marketing*) angelastet.[68]

Wie ist diese Kritik zu bewerten?

Für den Nepaler gab es ursprünglich nur zwei Gründe, um zu reisen: als **Pilger** oder geschäftlich. Hinzu kamen die Dienstreisen der Beamten. Wenn es für den frommen Hindu auch der größte Wunsch ist, einmal Varanasi (Benares) zu besuchen und in der Ganga zu baden, so müssen sich die meisten doch mit heimischen Zielen wie Devghat im Tarai, Pashupatinath im Kathmandu-Tal oder Muktinath nördlich der Annapurnakette zufriedengeben. Je mehr solcher Orte man besucht hat, je strapaziöser die Reise war, um so größer ist das Verdienst. An bestimmten Feiertagen kann man Tausende von Pilgern auf den Pfaden und an den zahlreichen heiligen Stätten des Landes sehen. Sie kommen nicht zuletzt in Pilgerherbergen (*dharmsalas*) unter, die von Stiftungen oder Spendern neben Tempeln, Klöstern oder wichtigen Märkten errichtet wurden und oft Jahrhunderte alt sind. Viele von ihnen sind heute verfallen oder anderen Zwecken zugeführt worden.

Der **Kaufmann** und seine Träger beleben die Pfade während des ganzen Jahres. In den Dörfern übernachten sie, wenn nicht im Freien oder bei Verwandten oder Freunden, dann meist in privaten Unterkünften, die einige Bauern (häufig Thakalis) zusammen mit einer Strohmatte, dem Abendreis und dem Morgentee gegen Bezahlung zur Verfügung stellen. Für reisende hohe Beamte hatte der Staat schon früh gut ausgestattete Regierungsgästehäuser an schönen Orten eingerichtet. Sie verloren ihre Existenzgrundlage, als dieser Personenkreis mit dem Flugzeug zu reisen begann und abends wieder nach Hause zurückkehrte. Der kleine Beamte indessen, der seine Reisen in die Provinzstädte und Dörfer zu Fuß machte, war auf die Regierungsrasthäuser angewiesen, von denen es vor Zeiten ein ganzes Netz gab. Aber auch ihnen fehlte es schon zu Panchayat-Zeiten an Ausstattung und Unterhalt.[69]

Diese traditionellen Formen der Unterkunft waren für den verwöhnten **ausländischen Touristen** weder geeignet noch zugänglich, während sie der im Lande reisende Berater gelegentlich in Anspruch nahm, wenn er es nicht vorzog, sein eigenes Zelt mitzuführen. Und so stellte sich die Frage der Unterbringung mit wachsender Touristenzahl neu.

Zwei Drittel der Nepal-Touristen der Gegenwart gehören zur Altersgruppe der 16- bis 45jährigen, und ein Drittel von ihnen ist weiblich. Fünfundachtzig Prozent erreichen das Land mit dem Flugzeug, der Rest kommt auf dem Landweg, meist über Indien.

30 Postkartenverkäuferinnen bedrängen einen Touristen vor dem alten Königspalast von Hanuman-Dhoka (*Kathmandu Durbar Square*).

Tourismus

Siebzig Prozent der Besucher wollen nur ihre Ferien hier verbringen oder hängen einen Kurzaufenthalt an ihren Indienbesuch an, während ein Fünftel Trekkingtouristen oder Bergsteiger sind. Deren jährliche Zahl betrug auf dem Höhepunkt im Jahr 2000 fast 120 000, 2005 dann allerdings nur noch gut die Hälfte. Allein zum Mt. Everest zogen zwischen 2000 und 2006 jährlich im Schnitt über 80 Bergsteigergruppen.[70]

Nun ist Nepal ohne Frage ein Land, das für die verschiedenen Interessen von Touristen wie geschaffen ist. Die vielfältige natürliche Schönheit des Gebietes, das von den Dschungeln des Tarai mit ihrem reichen Tierleben über das Mittelgebirge mit seinen Tälern und Flüssen bis zum Hochgebirge mit ewigem Schnee, ja sogar darüber hinaus in die Bergwüste des tibetischen Plateaus reicht und eine Fülle von Pflanzen und Tieren einschließt, ist nur eine Seite. Die Dörfer und Städte mit ihren freundlichen Menschen, unterschiedlichen Sprachen, Trachten und Sitten ist eine andere. Eine dritte Seite, und sicher nicht die unwichtigste, ist die religiöse und materiell-kulturelle. Nepal, wo sich Hinduismus und Buddhismus treffen und gegenseitig befruchten, besitzt eine solche Vielfalt von Sakral- und Profanbauten, heiligen Orten, Festen und Riten, daß ein einziger Urlaubsaufenthalt nicht ausreicht, um auch nur einen groben Überblick über diese Fülle zu bekommen. Die geographische, soziale und kulturelle Vielfalt und Farbigkeit Nepals ist sicher einmalig in der Welt.

In diese festgefügte, traditionsverhaftete, über Jahrhunderte sehr kleinräumig strukturierte Welt bricht nun eine gute Viertelmillion (und wenn es nach dem Wunsch der Politiker geht: eine Million) Fremde aus Kulturkreisen ein, wie man sie sich gegensätzlicher nicht vorstellen kann. Nepal hat in den 1960er Jahren einige hundert Berater und Entwicklungshelfer ohne Mühe bewältigt. Es hat in den 1970er Jahren Tausende von Hippies und Drogenabhängigen über sich ergehen lassen, wenn auch nicht ohne beträchtlichen Schaden für die nepalische Jugend, unter der es heute an die 20 000 Abhängige gibt. Und es mußte seit den 1980er Jahren den **Massentourismus** verarbeiten. Erstaunlicherweise scheint der Nepaler, der »Mann auf der Straße«, all das relativ unbeschadet überstanden, seinen Gleichmut bewahrt und seine Freundlichkeit erhalten zu haben. Das allerdings ist nur Fassade.

Betrachten wir zunächst die geographische Seite. Jährlich wandern 70 000 Fremde über die Bergpfade und durch die Dörfer. Da man bei 15 000 »organisierten« Trekkern mit vier Trägern pro Wanderer rechnet, marschieren also ungefähr 100 000 Menschen durch die fragilen Ökosysteme, verbrauchen Brennholz und lassen Abfall zurück. Bedenkt man weiter, daß sich der größte Teil dieser Bergwanderer auf zwei Gebiete – die Sagarmatha- und die Annapurna-Region – konzentriert, so wird der **Druck auf die Umwelt** besonders deutlich. Auch wenn seit den 1980er Jahren zahlreiche Schutzmaßnahmen ergriffen wurden, bleibt das Grundproblem bestehen.

Auf der sozialen Seite haben wir die Kontakte zwischen den in ihrer Tradition verhafteten und lange isolierten Einheimischen und den so gänzlich anders gearteten Fremden. Es hat sich weltweit gezeigt, daß in den Entwicklungsländern vor allem die Unwerte des »Westens« begierig angenommen und sehr bald gefordert werden. Durch die Besuche der Fremden und die mediale Bilderwelt werden Wünsche und Vorstellungen geweckt, die – ohne den **Verlust der eigenen Identität** – in absehbarer Zeit niemals erfüllt oder realisiert werden können. »Es ist unbestritten,« heißt es in einer Empfehlung des Antirassistischen Arbeitskreises (ARA), »daß über den Tourismus die materielle Lebensgrundlage einer Reihe von Menschen verbessert werden kann. Daß dies geschieht, ist auch wünschenswert. Leider ist nur der materielle Wohlstand sofort sichtbar und meßbar, während es andere Güter wie Lebensqualität, Zufriedenheit und Glück nicht sind«.[71]

Der Tourismus weckt bei den Nepalern Hoffnungen auf schnell zu verdienendes Geld. Manche Gemeinde in den Bergen bereitet sich durch den Bau von Herbergen (*lodges*), die Einrichtung von Speisehäusern und dergleichen auf diese Chance vor. Andererseits verlassen Bauern ihre Felder, um sich als Träger für Trekkingtouristen zu verdingen; Kinder schwänzen die Schule, um sich als »Fremdenführer« an die Besucher zu hängen; andere werden von ihren Eltern zum Betteln angehalten; mancher Nepaler läßt seinen Landsmann stehen, wenn er bei Fremden einen Dollar wittert. Der Minister für Tourismus jedenfalls äußerte sich 1988 dahingehend, daß die meisten Devisen, die aus dem Tourismus fließen, wieder ausgegeben werden, um die Güter und Dienste im Ausland einzukaufen, die der Tourist erwartet.[72] Solange es nicht gelingt, den überwiegenden Teil des Touristenbedarfs aus dem eigenen Land zu decken, täuschen die Einnahmen aus dem Fremdenverkehr über seinen tatsächlichen Wert für Nepal hinweg.

Bleibt ein Blick auf die kulturelle Seite. Auch hier gibt es Licht und Schatten. Die Nachfrage der Touristen nach Erinnerungsstükken hat das fast erloschene Kunsthandwerk Nepals in den letzten Jahrzehnten deutlich belebt, und die Erkenntnis, daß viele kommen, um die Städte und Tempel zu sehen, hat zu einer Welle der Restaurierung verfallender Gebäude geführt. Beides hat Arbeit und Einkommen geschaffen. Das Interesse der Besucher am religiösen Leben Nepals ist gut und verständlich, wenn es auch oft taktlose Formen annimmt. Wer in Massen auftritt, wird schnell zum »Zoobesucher«. Schließlich ist das Aussehen und Verhalten vieler Billig- oder Rucksacktouristen, das anfangs von den Nepalern amüsiert beobachtet wurde, allmählich zum Ärgernis geworden. Auch lassen sich Jugendliche oft durch das schlechte Beispiel beeindrucken.

Das illegale Geschäft mit sakraler Kunst und Antiquitäten, die Plünderung der Tempel und Schreine, die heute durch Gitter geschützt werden müssen, ist den Touristen nur marginal anzulasten. Hier hat der internationale Kunsthandel die Hand im Spiel und bedient sich gewissenloser Einheimischer.

Die Entwicklung des Tourismus kann zwar nicht aufgehalten werden, aber wünschenswert wäre mehr **Qualität vor Quantität**: Besucher, die das Land und seine Menschen unaufdringlich auf sich wirken lassen und bereit sind, dafür einen angemessenen Preis zu bezahlen, wären nicht nur ein Gewinn für Nepal, sie könnten auch das stark beschädigte Ansehen der Menschen aus dem fernen »Westen« wiederherstellen.

Gegenwärtig steht der Nepal-Tourismus in einer schweren Krise. Nachdem die Zahl der Touristen 1999 mit 493 000 ihren Höhepunkt erreicht hatte, stürzte sie bis 2002 auf 298 000 Personen ab, bei Deviseneinnahmen von 140,2 Millionen US-Dollars (2000/01), und erholte sich danach nur teilweise. Der »Volkskrieg«, den die Maoisten im Februar 1996 vom Zaun brachen, berührte den Tourismus zwar zunächst nicht, und auch später wurden Touristen (Trekker) in der Regel nicht bedroht. Wohl aber hatte sich das »Abkassieren« der Trekker, oft sogar gegen Quittung, hier und dort durchgesetzt. Zahlte der Fremde nicht die geforderte

Summe, so wurde ihm der Weg versperrt und sein Urlaub war zu Ende. Also zahlte er.

Es waren aber nicht nur die Maoisten, die den Tourismus negativ beeinflußten. Zu den Ursachen gehören zum einen die mangelnde touristische Infrastruktur, eine zunehmende Flugangst, die Sättigung des Marktes, der Königsmord von 2001, die Erzwingung von Streiks (*banda*), die Ausrufung des Notstandes durch König Gyanendra und periodische Reisewarnungen seitens der Botschaften, zum anderen aber auch die politische Weltlage (Afghanistan, Irakkrieg, Irankrise). Analytiker sprechen auch von »Überraschungskrisen«, die die Tourismuszahlen plötzlich nach unten schnellen lassen, wie Erdbeben, Gletscherseeausbrüche, Erdrutsche und Monsunfluten.[73]

Eine ungewisse Zukunft

Vergleicht man die heutigen Verhältnisse in Nepal mit denen des Jahres 1960, als der erste Entwicklungsplan der Regierung lief, so haben sich etliche **Indikatoren positiv verändert**. Die Lebenserwartung eines Neugeborenen stieg von 37 auf 62 Jahre, die Säuglingssterblichkeit sank von schätzungsweise 300 auf heute 71 je 1000 Lebendgeburten, die Kindersterblichkeit von 190 auf heute 91 bei den Knaben und 106 bei den Mädchen. Der Bevölkerungsanteil unter 15 Jahren sank von 42 Prozent auf heute 35,4 Prozent, der über 60 Jahren stieg von 3,5 auf etwa vier Prozent. Die Fruchtbarkeitsziffer (Kinder je Frau im gebärfähigen Alter) fiel von 6,2 auf heute 4,1. Schwierig bleibt nach wie vor die ärztliche Versorgung außerhalb der Städte, denn die Zahl der Ärzte ist immer noch sehr gering. Gegenwärtig werden 1478 Ärzte gemeldet, und das bedeutet, daß rechnerisch auf einen Arzt 13777 Einwohner kommen.

Die Alphabetisierungsrate stieg von neun auf heute rund 50 Prozent, wobei allerdings die der Männer bei 63 und die der Frauen bei 35 Prozent liegt. Der Anteil der städtischen Bevölkerung stieg von damals drei auf heute 15 Prozent, und der Anteil der Beschäftigten im Agrarsektor sank von 95 auf heute 66 Prozent. Das zeigt deutlich eine langsame Abkehr von der Agrarwirtschaft zu einer Gemischtwirtschaft, in der zwölf Prozent der Beschäftigten dem sekundären (Industrie) und 22 Prozent dem tertiären Sektor (Dienstleistung) zuzurechnen sind. Das Straßennetz, eine der Voraussetzungen für eine volkswirtschaftliche Entwicklung, vergrößerte sich von 376 Kilometer auf heute 9 500 Kilometer mit fester Straße, und die installierte Kapazität zur Stromerzeugung von 9 826 auf 584 557 Kilowatt.

Diese und andere Daten zeigen, daß sich Nepal – trotz ineffizienter Parteien- und Panchayat-Demokratie, einem Jahrzehnt maoistischer Gewaltherrschaft und andauernder Korruption des Beamtenapparats und der ambitionierten Politiker – im Großen und Ganzen weiterentwickelt hat. Man könnte sich die Frage stellen, was erreicht worden wäre, hätte es diese Hindernisse nicht gegeben und hätte die Umsetzung der zehn nationalen Entwicklungspläne (*siehe Seite 153*) in den Händen verantwortungsvoller Politiker gelegen. Bei all dem müssen aber einige grundsätzliche Entwicklungshindernisse berücksichtigt werden.

Will man die **Zukunftschancen** Nepals einschätzen, so dürfen zwei Fakten nicht außer acht gelassen werden. Erstens haben wir es mit einem Naturraum zu tun, der überwiegend von einem sehr jungen Gebirge gebildet wird; er ist, selbst in menschlichen Zeiträumen gemessen, in steter Veränderung begriffen. Diese Veränderungen reichen von der starken Sedimentführung der Flüsse als Folge eines natürlichen, durch menschliche Eingriffe geförderten Erosionsprozesses bis hin zu häufigen Erdstößen und -beben, die gelegentlich zu beachtlichen Zerstörungen von Bausubstanz, Straßen, Brücken und Wehren führen. Bei der räumlichen Planung sollte man deshalb die Einzugsgebiete der Flüsse zugrundelegen und diese integral weiterentwickeln (*watershed development*). Dies ist der nächstliegende Ansatz für ein Gebirgsland.[74]

Zweitens haben wir es mit einer **rasch wachsenden Bevölkerung** zu tun, an der alle bisherigen Bemühungen um die Propagierung einer verantwortlichen Elternschaft (Familienplanung) weitgehend spurlos vorübergegangen sind. Mit einem jährlichen Zuwachs von gegenwärtig etwa 2,0 Prozent liegt das Land im Mittelfeld der südasiatischen Staaten (Indien: 1,4 Prozent, Bhutan: 2,5), und die Einwohnerzahl nähert sich der Marke von 30 Millionen.[75] Eine Weltbank-Projektion von 1992 rechnete damit, daß die nepalische Bevölkerung ungefähr im Jahr 2025 eine Nettoreproduktionsrate und wenige Jahre später auch eine Wachstumsrate von 1 erzielt, während es bis ins 22. Jahrhundert dauert, ehe sie bei etwa 58 Millionen eine stationäre Größe erreicht. Diese Schätzungen liegen zwischen einem niedrigen und einem mittleren Szenario von 2006.[76]

Wenn eine wachsende Bevölkerung mit sinkenden landwirtschaftlichen Flächenerträgen zusammentrifft, kann nur eine **Änderung der Wirtschaftsweise** eine Katastrophe verhindern. Eine Ausdehnung der Kulturfläche auf Neuland ist nur auf Kosten der Wälder möglich. Die ökologische Vernunft würde im Gegenteil eine Reduzierung der Kulturfläche zugunsten einer weiteren Wiederaufforstung verlangen. Eine andere Möglichkeit wäre die Intensivierung der Landnutzung auf der gleichen oder sogar einer geringeren Fläche. Hier liegen durchaus Reserven in der Anwendung von Edelsaatgut, Düngung, Pflanzen- und Ernteschutz sowie Bewässerung, wobei natürlicher Düngung und biologischem Pflanzenschutz der Vorzug zu geben wäre. Nepal hat auf diesem Gebiet durchaus einige Erfolge erzielt, die jedoch die steigende Nachfrage durch eine wachsende Bevölkerung nicht auffangen konnten.

Hier muß noch einmal auf ein Hauptproblem hingewiesen werden, welches das größte Hindernis nahezu aller Agrarprogramme in den Entwicklungsländern ist: die **Bodenbesitzverfassung**. Von einem Bauern, der fremdes Land bewirtschaftet und einen beträchtlichen Teil seiner Ernte an den Grundeigentümer abgeben muß, ohne daß dieser sich an seinen Investitionen beteiligt, kann man einfach nicht erwarten, daß er den technisch noch so einleuchtenden Vorschlägen der Berater folgt. Ehe also dem Bauern nicht ein wachsender Anteil an seiner Mehrproduktion sicher ist, bleiben alle Bemühungen um eine Produktionssteigerung seitens der Agrarpolitiker vergebens. Eine Landreform, die in nahezu allen Entwicklungsplänen angemahnt wird, wurde bislang nie ernsthaft in Angriff genommen, obwohl man in den 1960er Jahren durch eine für den Pächter günstige Pachtregelung schlagartig Produktionssteigerungen erzielte.[77] Das Haupthindernis für eine Landreform scheint darin zu liegen, daß viele Beamte, deren Vorfahren einst mit Land entlohnt wurden, heute als Grundherren zumindest einen Teil ihres Lebensunterhalts daraus ziehen und so verständlicherweise ihren Besitz verteidigen.

Die Jugend sieht in ländlichen Gebieten keine Zukunft für sich, und viele Bauern wandern ab. Dabei lassen sie ein weitgehend ausgelaugtes Land zurück, das sich mangels Stabilisierungsmaßnahmen nur dem allgemeinen Erosionsprozeß anschließen kann.

Was dem Land bleibt, sind die nicht-landwirtschaftlichen Sektoren. Der Umstand, daß einige Millionen **Nepaler im Ausland** arbeiten und ihre Familien durch Geldüberweisungen unterstützen, zeigt, daß Nepal offensichtlich auch außerhalb der Landwirtschaft nicht genügend Arbeitsplätze anzubieten hat. Die bisherigen Bemühungen um die gewerbliche Wirtschaft und den Dienstleistungssektor haben es jedenfalls nicht vermocht, alljährlich Hunderttausende junger Menschen zusätzlich produktiv einzugliedern.[78] Dieser Umstand hat zu einer steigenden Arbeitsmigration geführt, neben Indien vor allem nach Malaysia und in die Golfstaaten, und heute stehen die Geldsendungen der Migranten mit 100 bis 130 Milliarden Rupien im Jahr nach den Einnahmen aus dem Agrarsektor bereits an zweiter Stelle beim Bruttoinlandsprodukt. Derzeit erhalten um 52 Prozent der nepalischen Haushalte derartige Zuschüsse zu ihrem Familienbudget, die überwiegend zur Krisenvorbeugung und zur Armutsbekämpfung, aber auch für die Schulbildung und zum Landerwerb dienen. Die Zahl der Migranten, die ihr Land zwecks Arbeitsaufnahme auf legalem Wege verlassen, wächst ständig und kann in einem Monat durchaus 23 000 erreichen.[79]

Es sind aber nicht nur Gastarbeiter, die Geld nach Hause schikken. Schätzungsweise mehr als 1,2 Millionen Nepaler leben seit Jahr und Tag im Dreieck Saudi-Arabien–Hongkong–Myanmar, aber auch in den USA, in Großbritannien, Frankreich und Deutschland, und haben sich zum Teil ansehnliche Vermögen erwirtschaftet. Seit kurzem werden sie nun eingeladen, einen Teil ihren Kapitals in einen Investitionsfond in ihrem Heimatland zu plazieren.[80] Das kann natürlich erst Erfolg haben, wenn die Verhältnisse im Land wieder friedlich und überschaubar sind. Dazu kommt, daß große Industrieanlagen, bei gleicher Gesamtproduktion, in der Regel weniger Arbeitsplätze als Kleinunternehmen bieten. Das Argument, daß Großbetriebe wirtschaftlicher arbeiten und sich eher der ausländischen Konkurrenz mit Erfolg stellen können, mag richtig sein. Es trägt aber nicht zur Lösung des Beschäftigungs- und Einkommensproblems in Nepal bei. Solange billige indische Industrieprodukte den nepalischen Markt überschwemmen, haben die meisten heimischen Unternehmen, große wie kleine, nur eine geringe Chance. Hier die heimische, arbeitsintensive Wirtschaft wenigstens für einen angemessenen Zeitraum zu schützen, dürfte das Gebot der Stunde sein.

Sicher wird man auch in Zukunft von Großmaßnahmen wie Staudämmen und Wasserkraftanlagen, Industrien und einer Million Touristen ausgehen. Das Ziel der Grundbedürfnisbefriedigung kann so aber nicht erreicht werden. Dorthin führt der Weg über **örtliche und regionale Maßnahmen** zur Nahrungs-, Güter- und Energieerzeugung, unter Mitwirkung der lokalen Bevölkerung bei Planungen, Entscheidungen und der Durchführung von Maßnahmen, so daß nach und nach eine Region, ein Gebiet nach dem anderen genügend erzeugt und seine Bewohner ein menschenwürdiges Leben führen können.

So wird das Land noch lange auf fremde Hilfe angewiesen sein, die gegenwärtig immer noch mehr als die Hälfte des Entwicklungsbudgets ausmacht, während viele Menschen mit den Pensionen

31 Der Nutzen der modernen Technik:
Eine Bäuerin trennt die Spreu vom Getreide.

von rund 20 000 ehemaligen Gurkha-Soldaten und den Überweisungen von Hunderttausenden von Familienangehörigen rechnen, die in vierzig Ländern ihrem Broterwerb nachgehen.

Da Nepal schon seit 1952 kontinuierlich staatliche und unübersehbare private Hilfe in Form von Zuschüssen, Krediten und technischer Hilfe aus dem Ausland erhalten hat,[81] stellt sich die Frage, warum das Land noch immer zu den ärmsten der Welt gehört. »Die Menschen haben den Eindruck, daß ihr Land nicht die richtige Art von Hilfe bekommt. Zahlenmäßig erhält Nepal laufend Entwicklungshilfe, aber die Ergebnisse enttäuschen, und das Land wird immer ärmer. In den 1960er Jahren hatten Nepal und Korea einen vergleichbaren Entwicklungsstand, aber 2000 lag das Bruttosozialprodukt pro Kopf in Nepal noch immer bei 230 Dollar, während es in Südkorea 8 581 Dollar erreicht hatte. Auch Sri Lanka war in den 1950er Jahren in einer mit Nepal vergleichbaren Lage, doch dort hat man im *Human Development Index* eine Position von 90 erreicht, während Nepal immer noch bei 144 steht.«[82] Wir stehen also vor der Frage einer **sachgerechten Entwicklungshilfe** unter einer verantwortungsvollen staatlichen Verwaltung dieser Mittel. An beidem scheint es derzeit zu fehlen; aber das ist ein Thema, dessen genaue Erörterung den Rahmen dieser Schrift überschreitet.[83]

Nepal hat bereits vieles eingebüßt, was es noch vor Jahrzehnten so anziehend und interessant machte. Die Zerstörung und Verarmung auch im kulturellen Sinne werden weitergehen, wenn es nicht gelingt, eine strikte Bevölkerungspolitik durchzusetzen, und wenn das Denken und Handeln der Verantwortlichen, gleich welcher Herkunft und Couleur, nicht einen erheblichen Wandel nimmt.

Anhang

Anmerkungen zum Text

1 » Das wahre Alter des Himalaya «, *Forschung. Mitteilungen der Deutschen Forschungsgemeinschaft* 4/1987, S. 30. **2** Haffner (1979). **3** Filchner (1950), S. 363. **4** » Neue Mount Everest-Höhenvermessung: 8 850 m. ü. M. statt 8 848 m. ü. M. «, Pressemitteilung der Schweizerischen Stiftung für Alpine Forschung vom 12. 11. 1999, mit Details. **5** Diese Behauptung ist zweifelhaft, weil man die Bezugsgrößen nicht kennt. Die Schlucht zwischen Dhaulagiri und Annapurna kann um 5 000 Meter tief sein. Demgegenüber durchbricht der Yarlung Tsangbo den Himalaya von Tibet nach Indien, wo er Brahmaputra heißt, in einer 5 382 Meter tiefen Schlucht. – Michaelowa (1997), ferner » Geographie «, *www.china-botschaft.de* (Abruf 17. 2. 2006). **6** Kleinert (1973). **7** WWF (2005). **8** Nepal country profile, *www.fao.org* (28. 1. 2007). **9** Über die Pflanzen- und Tierwelt berichten Gruber (1995) und zahlreiche englische Publikationen. **10** Kollmair (2005). **11** WWF (2005). **12** Mishra (1991), S. 27. **13** Regmi (1999). **14** Donner (2004). **15** Krämer (1981). **16** Verma (1990). **17** Es ist in diesem Zusammenhang interessant, daß mehr als 15 Jahre später das Panchayat-System in den indischen Dörfern als große soziale Leistung gepriesen wurde (vgl. Hörig 1997). **18** Diese Parteien haben sozialdemokratische, kommunistische, konservative oder regionale Bezüge und Vorstellungen. Dabei darf man sich von dem Terminus » kommunistisch « nicht irreführen lassen, denn die politischen Vorstellungen der ungefähr sieben kommunistischen Parteien Nepals reichen von gemäßigt-sozialdemokratischen (UML) bis zu militant radikalen Gruppen (Maoisten). Im Parlament kamen in der Regel maximal 41 Parteien zum Zuge. Häufige Spaltungen und Vereinigungen machen es fast unmöglich, ein genaues Parteienspektrum zu zeichnen. **19** Donner (1995). **20** Vgl. Whelpton (2005), S. 189 ff.; Cubelic (2005). **21** Vgl. Krämer (2004). **22** Donner (2001). Der offizielle Untersuchungsbericht und Medienberichte sind abrufbar unter: *www.nepalhomepage.com/news/royalmassacre/* **23** Es handelte sich allerdings nicht um ein völlig unerwartetes Ereignis. Im 18. Jahrhundert hatte der Guru Baba Gorakhnath, der sich vom König beleidigt fühlte, einen Fluch ausgesprochen: Die Shah-Dynastie werde in ihrer elften Generation ein schlimmes und vorzeitiges Ende finden (Pramanik 2001). 24 In dieser schwierigen Lage unterstützte die Volksrepublik China die nepalische Regierung. Sie verurteilte, daß die nepalischen Maoisten den Namen ihres großen Vorsitzenden, Mao Zedong, mißbrauchten, hielt sich aber sonst zurück (Whelpton 2005, S. 223 f.). 25 Benedikter (2003); Karki & Seddon (2003); Thapa & Sijapati (2003); Krämer (2005); IDMC (2006). 26 International Crisis Group (2005); Whelpton (2005), S. 223 f. 27 International Crisis Group (2006). 28 Poudyal (1986), S. 42 ff. 29 Central Bureau of Statistics (2003 b). 30 Logan (2006). 31 Happy Children e.V. (2006) 32 Iijima (1963); Fürer-Haimendorf (1966), S. 142–144. In diesem Zusammenhang ist interessant, daß der ethnisch tibetische Raja von Mustang den Chhetri-Kastennamen »Bista« annahm, offenbar um auch nach der Integration ins Hindu-Königreich Nepal seinen Status zu erhalten. 33 Thapa (1981), S. 35. 34 Wiesner (1977), S. 209. 35 Schumann (1988), S. 16 ff. 36 Schumann (1986), S. 23, 351. 37 Wiesner (1977), S. 35. 38 Majupuria & Majupuria (1983), S. 52. 39 Waldschmidt & Waldschmidt (1967), S. 21. 40 Bista (1967), S. 169. 41 Majapuria & Majupuria (1967), S. 60–92. 42 Bedenig (1983), S. 40. 43 Tüting et al. (2005), S. 29. 44 Sanday (1982). 45 Rau (1969). 46 Rau (1969), S. 263–265; Wiesner (1977), S. 50 ff.; Wiesner (1997); Korn (1979), S. 66–84; Gerner (1987), S. 30–33. 47 Korn (1979), S. 25–47. 48 Sestini & Somigli (1978), S. 51; Gerner (1987), S. 149. 49 Schick (1989). 50 Gajurel & Vaidya (1984). 51 Nepali (1965), S. 60. 52 Amatya (1983), S. 22–25. 53 http://stats.uis.unesco.org (3. 8. 2007). 54 Bernhard Kölver, Süddeutsche Zeitung, 5./6. 12. 1987. 55 The Rising Nepal, 15. 5. 1988. 56 Regmi (1971), S. 120. 57 Donner (2000); Whelpton (2005), S. 231. 58 Limberg (1973), S. 23–30. 59 http://faostat.fao.org (3. 8. 2007). 60 NPC/UNDP (2005). 61 Gurung (1981), S. 7–9. 62 The Rising Nepal, 24. 4. 1987. 63 Grünenfelder (2005). 64 Central Bureau of Statistics (2003 a). 65 The Rising Nepal, 24. 11. 1988. 66 Kinderarbeit Nepal: »Kampf gegen Kinderarbeit«, http://www.bmz.de/de/themen/menschenrechte/projektschaufenster/kinderarbeit.html (28. 8. 2007). 67 D. L. Rai, The Rising Nepal, 18. 8. 1988. 68 Shrestha (2000). 69 Amatya (1989). 70 Central Bureau of Statistics (2006); http://www.adventurestats.com/tables/everestExpeditionStats.shtml (30. 8. 2007). 71 Fremdenverkehrswirtschaft 12/1987. 72 The Rising Nepal, 8. 9. 1988. 73 Hohensee et. al. (2004). 74 Thapa & Weber (1990). 75 http://stats.uis.unesco.org (3. 8. 2007). 76 Bos et al. (1992); UNPP (2006). 77 Donner (1972), S. 273 ff. 78 »Am Ende der 1990er Jahre«, schreibt Whelpton (2005, S. 201), »kamen alljährlich 500 000 Jugendliche auf den Arbeitsmarkt. Von diesen hatten 100 000 die Sekundarschule abgeschlossen, ohne indessen ein Abschlußzeugnis zu besitzen. Damit hatten sie keine Chance, einen Angestelltenposten zu erhalten, für den die Schule sie ausgebildet hatte«. 79 Kobek (2006). 80 Thapa (2004). 81 Deutschland hat seit Beginn der Zusammenarbeit 1961 bis heute eine knappe Milliarde Euro an

Regierungszusagen gemacht, von denen 53 Prozent auf die finanzielle und 47 Prozent auf die technische Zusammenarbeit entfielen.   **82** Literacy Watch Committee of Nepal: *Bulletin* 16, Juni 2000.   **83** Der interessierte Leser sei stattdessen auf Hagen (1988), Bista (1991) und Panday (1999) verwiesen.

Verwendete Literatur

AMATYA, J. (1989) Developing supplementary accomodation, vital to tourism development, *The Rising Nepal*, 11. 2. 1989.

AMATYA, SHAPHALYA (1983) *Some aspects of cultural policy in Nepal.* Paris: UNESCO.

BANISTER, JUDITH & SYAM THAPA (1981) *The population dynamics of Nepal.* Honolulu: East–West Population Institute.

BEDENIG, DIETER (1983) *Nepal. Kathmandu: Tor zum Nepal-Trekking.* Köln: DuMont.

BENEDIKTER, THOMAS (2003) *Krieg im Himalaya. Hintergründe des Maoistenaufstandes in Nepal.* Münster: LIT-Verlag.

BISTA, DOR BAHADUR (1967) *People of Nepal.* Kathmandu.

BISTA, DOR BAHADUR (1991) *Fatalism and development: Nepal's struggle for modernization.* Kalkutta: Orient Longman.

BOCH-ISAACSON, JOEL M. (1987) *Architecture and construction management in the highland and remote areas of Nepal.* Kathmandu: Sahayogi Press.

BMZ (BUNDESMINISTERIUM FÜR WIRTSCHAFTLICHE ZUSAMMENARBEIT UND ENTWICKLUNG) (unveröff.) *Länderkonzept zur Entwicklungspolitik in Nepal 2002/2003.* Bonn.

BOS, EDUARD, MY T. VU & ANN LEVIN (1992) *East Asia and Pacific region South Asia region population projections. 1992–93 edition.* Policy research working paper series. World Bank. (Im Internet unter http://go.worldbank.org/8H0PDK6MJ0)

CENTRAL BUREAU OF STATISTICS (2003 a) *Census of manufacturing establishments. Nepal 2001–2002. National level.* Kathmandu.

CENTRAL BUREAU OF STATISTICS (2003 b) *Population monograph of Nepal*, vol. 1. Kathmandu.

CENTRAL BUREAU OF STATISTICS (2006) *Statistical pocket book Nepal 2006.* Kathmandu.

CUBELIC, SIMON (2005) *Einführung in die Politischen Wissenschaften Südasiens: Nepal.* Heidelberg.

DONNER, WOLF (1972) *Nepal. Raum, Mensch und Wirtschaft.* Wiesbaden: Otto Harassowitz.

— (1995) Linksdemokratischer Aufbruch im Königreich Nepal, *Jahrbuch Dritte Welt 1996.* München: C. H. Beck, S. 213–230.

— (2000) Das Ende der Leibeigenschaft, *Nepal Information* 86, S. 105–112.

— (2001) Nepal hat seinen größtmöglichen Verlust erlitten, *Nepal Information* 87, S. 1–5.

— (2004) Als Nepal sich öffnete, *Nepal Information* 92, S. 1–4.

FILCHNER, WILHELM (1950): *Ein Forscherleben.* Wiesbaden: Eberhard Brockhaus.

— (1951) *In der Fieberhölle Nepals.* Wiesbaden: Eberhard Brockhaus.

FÜRER-HAIMENDORF, CHRISTOPH VON (1966): *Caste and kin in Nepal, India and Ceylon.* Bombay u. a.: Asia Publishing House.

GAJUREL, C.L. & K.K. VAIDYA (1984) *Traditional arts and crafts in Nepal.* New Delhi: S. Chand & Co.

GERNER, MANFRED (1987) *Architekturen im Himalaja.* Stuttgart: DVA.

GRUBER, ULRICH (1995) *Reiseführer Natur – Nepal, Sikkim, Bhutan.* München, Wien, Zürich: BLV.

GRÜNENFELDER, THOMAS (2005) Eine Aufforstung in Nepal. 25 Jahre danach, *Nepal Information* 94, S. 46–48.

GURUNG, HARKA (1981) *Food systems and society in Nepal: an overview.* Kathmandu: New Era.

HAFFNER, WILLIBALD (1979) *Nepal Himalaya. Untersuchungen zum vertikalen Landschaftsaufbau Zentral- und Ostnepals.* Wiesbaden: Franz Steiner.

HAGEN, TONI (1988) *Wege und Irrwege der Entwicklungshilfe. Das Experimentieren an der Dritten Welt.* Zürich.

HAPPY CHILDREN E.V. (2006) Armut in Nepal, *http://www.happy-children-nepal.de/nepal_land_leute/Armut.htm* (Abruf Juni 2006).

HOHENSEE, DOREEN ET AL. (2004) Krisenmanagement im Nepal-Tourismus, *Nepal Information* 93, S. 69–73.

HÖRIG, RAINER (2006) Treibriemen sozialer Reformen. Panchayati Raj – Selbstverwaltung für indische Dörfer, *Welternährung* 1/2006, S. 7.

ICIMOD (INTERNATIONAL CENTRE FOR INTEGRATED MOUNTAIN DEVELOPMENT) (1985) *Managing Mountain Watersheds. Report of the International Workshop on Watershed Management in the Hindu Kush-Himalaya Region, Chengdu (China) 1985.* Kathmandu.

IDMC (INTERNAL DISPLACEMENT MONITORING CENTRE) (2006) Nepal Country Page, *www.internal-displacement.org*, datiert auf den 16. Oktober 2006; abgerufen am 6. Juli 2007.

IIJIMA, SHIGERU (1963) Hinduization of a Himalayan tribe in Nepal, *The Kroeber Anthropological Society Papers* 29, S. 43–53.

INTERNATIONAL CRISIS GROUP (2005) Nepal's Maoists: their aims, structure and strategy, *Asia Report* 104.

— (2006) Nepal's new alliance: the mainstream parties and the Maoists, *Asia Report* 106.

KARKI, ARJUN & DAVID SEDDON (2003) *The People's War in Nepal. Left Perspectives.* Delhi: Adroit.

KLEINERT, CHRISTIAN (1973) *Haus- und Siedlungsformen im Nepal Himalaya unter Berücksichtigung klimatischer Faktoren.* Innsbruck, München: Universitätsverlag Wagner.

— (1983) Siedlung und Umwelt im zentralen Himalaya, *Geoecological Research* 4, S. 1–269.

KOBEK, IRIS (2006) Geldsendungen nepalischer Arbeitsmigranten. Eine tragende Säule der nepalischen Wirtschaft, *Nepal Information* 96, S. 67–68.

KOLLMAIR, MICHAEL (2005) Naturschutz in Nepal: Zwischen Partizipation und politischer Instabilität, *www.hgg-ev.de/kollmair_2005.html* (9.6.2006).

KORN, WOLFGANG (1979) *The traditional architecture of the Kathmandu Valley.* Kathmandu: Ratna Pustak.

KRÄMER, KARL-HEINZ (1981) *Das Königtum in der modernen nepalischen Geschichte.* Sankt Augustin: VGH Wissenschaftsverlag.

— (2004) Die aktuelle politische Lage in Nepal zum 25. August 2004, *www. fes.de* (14.6.2006).

— (2005) *Nepal zwischen königlicher Machtpolitik und maoistischem Aufstand: Niedergang von Rechtsstaatlichkeit, Demokratie und Menschenrechten.* Heidelberg: Südasien-Institut.

LIMBERG, WALTER (1973) Anbausysteme im Likhu-Tal (Ost-Nepal) zwischen 1400 und 3000 m Höhe, *Erdwissenschaftliche Forschung*, Bd. v, S. 23–30.

LOGAN, MARTY (2006) Untouchability persists despite ban, *www.ipsnews.net*, 23.6.2006.

MAJUPURIA, TRILOK CHANDRA & INDRA MAJUPURIA (1983) *The complete guide to Nepal.* Lashkar.

MICHAELOWA, AXEL (1997) Berge hinter dem Bambusvorhang, *Neue Zürcher Zeitung*, 11.9.1997.

MISHRA, TIRTHA PRASAD (1991) *The taming of Tibet. A historical account of compromise and confrontation in Nepal–Tibet relations (1900–1930).* New Delhi: Nirala.

MUNI, SUK DEO (Hg.) (1977) *Nepal – an assertive monarchy.* New Delhi: Chetana.

NATIONAL PLANNING COMMISSION / UNITED NATIONS DEVELOPMENT PROGRAMME (NPC/UNDP) (2005) *Nepal Millennium Development Goals. Progress report 2005.* Kathmandu.

NEPALI, GOPAL SINGH (1965) *The Newars. An ethno-sociological study of a Himalayan community.* Bombay: United Asia.

PANDAY, DEVENDRA RAJ (1999) *Nepal's failed development. Reflections on the mission and the maladies.* Kathmandu: Nepal South Asia Centre.

POUDYAL, MADHAB P. (1986) *Aspects of public administration in Nepal.* New Delhi: National Book Organization.

PRADHAN, RADHE S. (1984) *Industrialization in Nepal. A macro and micro perspective.* Delhi: NBO.

PRAMANIK, PROBIR: Curse strikes without waiting for wedding, *Telegraph*, Calcutta, 3.6.2001

RAU, HEIMO (1969) Tempeltürme in Nepal, *Indo-Asia* 11, S. 258–265.

REGMI, MAHESH C. (1971) *Nepali economic history*, New Delhi: Manjusri.

— (1999) Imperial Gorkha, Delhi: Adroit.

SANDAY, JOHN (1982) *Kathmandu Valley. Nepalese historic monuments in need of preservation.* Paris: UNESCO.

SCHICK, JÜRGEN (1989) *Die Götter verlassen das Land. Die Plünderung der Kunst Nepals.* Graz: Akademische Druck- und Verlagsanstalt.

SCHUMANN, HANS WOLFGANG (1988) *Der historische Buddha. Leben und Lehre des Gotama.* Köln: Diederichs.

— (1986) *Buddhistische Bilderwelt. Ein ikonographisches Handbuch des Mahayana- und Tantrayana-Buddhismus.* Köln: Diederichs.

SESTINI, VALERIO & ENZO SOMIGLI (1978) *Sherpa architecture.* Paris: UNESCO.

SHRESHTHA, B.P. (1967) *The economy of Nepal – or a study in problems and processes of industrialization.* Bombay: Vora & Co.

SHRESTHA, HARI PRASAD (2000) *Tourism in Nepal. Marketing challenges.* New Delhi: Nirala.

THAPA, DEEPAK & BANDITA SIJAPATI (2003) *A kingdom under siege. Nepal's Maoist insurgency 1996–2003.* Kathmandu: The Printhouse.

THAPA, GOPAL & KARL E. WEBER (1990) *Managing mountain watersheds. The upper Pokhara Valley, Nepal.* Bangkok: AIT.

THAPA, NETRA BAHADUR (1981) *A short history of Nepal.* Kathmandu: Ratna Pustak.

THAPA, RAM PRATAP (2004) Nepal öffnet sich für Auslandsnepalis, *Nepal Information* 92, S. 5–7.

TÜTING, LUDMILLA, IRIS KOBEK & RAM PRATAP THAPA (2005) *Marco-Polo-Reiseführer Nepal.* Ostfildern: Mairs Geographischer Verlag.

UNPP (POPULATION DIVISION OF THE DEPARTMENT OF ECONOMIC AND SOCIAL AFFAIRS OF THE UNITED NATIONS SECRETARIAT) (2006) *World Population Prospects: The 2006 Revision,* http://esa.un.org/unpp (21.8.2007).

VERMA, YUGESHWAR P. (1990) Die Panchayat-Politik in Nepal, *Nepal Information* 65, S. 59–64.

WALDSCHMIDT, ERNST & ROSE LEONORE WALDSCHMIDT (1967) *Nepal. Kunst aus dem Königreich Nepal.* Ausstellungskatalog. Essen: Villa Hügel.

WHELPTON, JOHN (2005) *A history of Nepal.* Cambridge University Press.

WIESNER, ULRICH (1977) *Nepal, Königreich im Himalaya. Geschichte, Kunst und Kultur im Kathmandu-Tal.* Köln: DuMont.

— (1997) *Nepal. Götter, Tempel und Paläste im Geburtsland Buddhas und einzigen Hindu-Königreich der Welt.* Kunst-Reiseführer. Köln: DuMont.

WWF (WORLD WILDLIFE FUND) (2005 a) Nepals Nashörner Opfer der Wilderei, *http://www.wwf.de* (19.4.2005).

— (2005 b) Overview of glaciers, glacier retreat and subsequent impacts in Nepal ... – In Übersetzung erschienen als: Rückschreitende Gletscher bringen Wasserkrise, *Nepal Information* 96 (Januar 2006), S. 28.

Landeskundliche Faustzahlen

Die nachfolgenden Tabellen sollen dem Leser als erste Orientierung dienen. Daher haben wir uns zwar bemüht, die neuesten Zahlen ab dem Zensus 2000/2001 zu finden, auf einen Apparat detaillierter Quellenangaben aber verzichtet. Ohnehin sind Statistiken in Entwicklungsländern oft sehr ungenau, daher umstritten und nur mit einer guten Prise eigener Einschätzung zu verwenden. In Nepal werden die offiziellen Ziffern durch das *Central Bureau of Statistics* (CBS) veröffentlicht, das aber auch auf Erhebungen anderer Ministerien und Institute zurückgreift. Daneben liefern internationale Organisationen wie die verschiedenen Agenturen der Vereinten Nationen, die Weltbank oder die *Asian Development Bank* die Ergebnisse eigener Erhebungen. Die wichtigsten Statistiken sind inzwischen über das Internet zugänglich (z. B. www.cbs.gov.np, http://faostat.fao.org, www.uis.unesco.org).

Geographie

Geographische Breite	26° 22' bis 30° 27' Nord
Geographische Länge	80° 4' bis 88° 12' Ost
Mittlerer Durchmesser Ost–West	885 km
Mittlerer Durchmesser Nord–Süd	193 km
Niedrigster Punkt (Kechana, Jhapa-Distrikt)	60 m ü. NN
Höchster Punkt (Sagarmatha, Solukhumbu-Distrikt)	8 850 m ü. NN
Länge der Grenze nach China (Tibet)	1 236 km
Länge der Grenze nach Indien	1 690 km
Flächengröße des Staatsgebietes	147 181 km²
Hochgebirge	35,2 %
Mittelgebirge	41,7 %
Tarai	23,1 %
Östliche Entwicklungsregion	19,3 %
Zentrale Entwicklungsregion	18,6 %
Westliche Entwicklungsregion	20,0 %
Mittwestliche Entwicklungsregion	28,8 %
Fernwestliche Entwicklungsregion	13,3 %
Landfläche	(94 %) 137 751 km²
Wasserfläche	(6 %) 9 430 km²
Kultiviertes Land	(21 %) 30 908 km²
Nicht kultiviertes Land	(7 %) 10 304 km²
Wald	(29 %) 42 682 km²
Gestrüpp	(11 %) 15 601 km²
Gras, Weideland	(12 %) 17 661 km²
Anderes (Schnee, Ödland, Fels)	(18 %) 26 198 km²

Höchster registrierter Jahresnieder- schlag, Pokhara	4 175 mm
Höchste registrierte Temperatur, Surkhet	43 °C
Niedrigste registrierte Temperatur, Namche Bazar	-13 °C

Wichtigste Flüsse: ihr Einzugsgebiet in Nepal

Karnali (Quelle in Tibet)	41 550 km²
Kaligandaki-System	30 090 km²
Kosi-System (Quelle in Tibet)	28 140 km²

Volksgruppen und Kasten *

1. Parbatiyas (Nepalisprecher) (40,3 %)

Wiedergeborene:	Brahmanen (Bahun)	12,9 %
	Thakuris	1,6 %
	Chhetris (ehemals Khasas)	16,1 %
Entsagende:	Dashnami-Sanyasis und Kanphata-Yogis	1,0 %
Unberührbare:	Kamis (Metallhandwerker)	5,2 %
	Damais (Schneider)	2,0 %
	Sarkis (Schuster)	1,5 %

2. Newars (Newar- oder Nepalisprecher) (5,6 %)

Zu voller religiöser Initiation berechtigt:

Brahmanen	0,1 %	Vajracharyas/Shakyas	0,6 %
Shresthas	1,1 %	Urays (Tuladhars usw.)	0,4 %
Weitere reine Kasten:	Maharjans (Jyapus)	2,3 %	
	Ekhtariyas und andere kleine Gruppen	0,7 %	
Unreine Kasten:	Khadgis (Kasais), Dyahlas (Podes) usw.	0,4 %	

3. Andere Volksgruppen des Mittel- und Hochgebirges
(Sprecher tibeto-birmanischer Sprachen oder Nepalisprecher) (20,9 %)

Magars	7,2 %	Limbus	1,6 %	Bhotiyas	0,1 %
Tamangs	5,5 %	Sherpas	0,6 %	Thakalis	0,1 %
Rais	2,8 %	Chepangs	0,2 %	Thamis	0,1 %
Gurungs	2,4 %	Sunuwars	0,2 %		

4. Madhesis
(Sprecher nordindischer Dialekte wie Awadhi, Bhojpuri und Maithili) (32,0 %)

a. Kasten (16,1 %)

Wiedergeborene:	**Brahmanen**	0,1 %
	Rajputen ⎫	0,3 %
	Kayasthas ⎬ (**Kshatriyas**)	0,3 %
	Rajbhats ⎭	0,2 %
	Baniyas (Vaishyas)	0,5 %
Weitere reine	**Yadavs**/Ahirs (Hirten)	4,1 %
Kasten:	Kushawars (Gemüsebauern)	1,1 %
	Kurmis (Bauern)	0,9 %
	Mallahs (Fischer)	0,6 %
	Kewats (Fischer)	0,5 %
	Kumhars (Töpfer)	0,3 %
	Halwais (Konditoren)	0,2 %
Unrein, aber	Kalawars (Brauer/Kaufleute)	0,9 %
berührbar:	Dhobis (Wäscher)	0,4 %
	Telis (Ölpresser)	0,4 %
Unberührbare:	Chamars (Lederhandwerker)	1,1 %
	Dushadhs (Korbmacher)	0,5 %
	Khatawes (Arbeiter)	0,4 %
	Musahars (Arbeiter)	0,8 %

b. Ethnien (9,0 %)

Inneres Tarai:	Kumals	0,4 %
	Majhis	0,3 %
	Danuwars	0,3 %
	Darais	0,1 %
Eigentliches Tarai:	**Tharus**	6,5 %
	Dhanukas	0,7 %
	Rajbhamshis	0,4 %
	Gangais	0,1 %
	Dhimals	0,1 %

c. **Moslems** (3,3 %)
d. **Marwaris** (0,2 %)
e. Sikhs (0,1 %)

---

* Übersetzt aus Whelpton (2005, Tab. 1.1). Quellen und Anmerkungen siehe dort. Die größten und/oder wichtigsten Gruppen sind halbfett gesetzt.

Gesamtbevölkerung (CIA-Schätzung für Mitte 05)	27 676 547
Gesamtbevölkerung (Zensus 2001)	23 151 423
männlich	11 563 921
weiblich	11 587 502
Jährliches Bevölkerungswachstum	2,25 %
Bevölkerungsdichte je km² Staatsgebiet	188
Bevölkerungsdichte je km² Kulturland	895
Durchschnittliche Personenzahl je Haushalt	5,4
Räumliche Bevölkerungsverteilung	
Städte	13,9 %
Hochgebirge	7,3 %
Bergland	44,3 %
Terai	48,4 %
Östliche Entwicklungsregion	23,1 %
Zentrale Entwicklungsregion	34,7 %
Westliche Entwicklungsregion	19,7 %
Mittwestliche Entwicklungsregion	13,0 %
Fernwestliche Entwicklungsregion	9,5 %
Mittleres Alter der Bevölkerung	20,1 Jahre
männlich	19,9 Jahre
weiblich	20,2 Jahre
Anteil der Altersgruppen an der Gesamtbevölkerung	
0–14 Jahre	39,4 %
15–59 Jahre	54,1 %
60 Jahre und älter	6,5 %
Geburtenrate (je 1000 Einwohner), Schätzung 2005	31,5
Sterberate (je 1000 Einwohner), Schätzung 2005	9,47
Gesamtfruchtbarkeitsrate (je Frau)	4,1
Kindersterblichkeitsrate (je 1000 Lebendgeborene)	64,4
Lebenserwartung bei der Geburt	60,4 Jahre

Volksbildung

Gesamtalphabetisierungsrate (ab 6 Jahren)	54,1
Alphabetisierungsrate der Bevölkerung ab 15 Jahren	48,6
davon männlich	62,7
davon weiblich	34,9
Verhältnis Mädchen zu Jungen in Primarschulen (2003)	0,8
Zahl der Schulen (2004)	
Primarschulen	24 746
Untere Sekundarschulen	7 436
Sekundarschulen	4 547
Zahl der Lehrer	

Primarschulen	101 483
Untere Sekundarschulen	25 962
Sekundarschulen	20 232
Zahl der Schüler	
Primarschulen	4 030 000
Untere Sekundarschulen	1 444 000
Sekundarschulen	587 000

Volksgesundheit

Haushalte mit Zugang zu sicherem Wasser	81,4 %
Haushalte mit Zugang zu Toiletten	38,7 %
Haushalte, die mit festem Brennstoff kochen	84,8 %
Entwicklungsgehemmte Kinder	50,5 %
Untergewichtige Kinder	48,3 %
Fachlich betreute Geburten	12,9 %
Krankenhäuser	87
Gesundheitsposten	699
Gesundheits-Unterposten	3 131
Gesundheitszentren	6
Primäre Gesundheitszentren	180
Ayurvedische Zentren	287
Krankenhausbetten	6 796
Ärzte	1 257
Krankenschwestern	11 637
Gesundheitsassistenten	7 491
kaviraj (ayurvedischer Arzt)	387
vaidya (Heilgehilfe)	354
Mutter-und-Kind-Betreuer	3 190
Betreuer auf Dorfebene	3 985
andere Heilgehilfen (*sudeni* usw.)	62 546

Infrastruktur

Fernstraßen		13 223 km
davon mit fester Decke	(31 %)	4 073 km
davon Schotter- und Erdstraßen	(69 %)	9 150 km
Eisenbahn (Schmalspur)		59 km
Flugplätze		46
davon mit fester Landebahn		9
Haushalte mit Zugang zu Elektrizität		37,2 %
Postämter (2003/04)		3 991
Telefonanschlüsse (2004/05)		433 631
Mobiltelefone (2003)		50 400

Radios auf 1000 Menschen (2001)   39
Fernseher auf 1000 Menschen (2001)   7
Computer auf 1000 Menschen (2001)   4
Internetbenutzer (2002)   80 000

Tourismus

Touristen gesamt (2004)	385 297
davon Ursprungsland Westeuropa	30,2 %
davon Ursprungsland Indien	23,4 %
Reisezweck	
Urlaubsreise	43,4 %
Trekking, Bergsteigen	18,0 %
Geschäfte	3,6 %
Offizieller Anlaß	4,4 %
Pilgerreise	11,9 %
Hotels der Sternekategorie	110
Hotels, andere	886
Hotelbetten gesamt (2004)	39 107

Landwirtschaft

Kultiviertes Land (21 % der Landesfläche)	3 090 800 ha
davon bewässert (38 %)	1 168 300 ha
durch Brunnen (*tubewell*)	214 900 ha
durch permanente Kanäle	346 800 ha
durch saisonale Kanäle	521 300 ha
durch Auffangbecken (*tank, pond*)	23 900 ha
Fläche unter Nahrungs- getreide 2004/05	3 353 000 ha
Marktkulturen 2004/05	409 000 ha
Agrarproduktion	
Reis	4 165 000 t
Weizen	1 258 000 t
Mais	1 511 000 t
Hirse	283 000 t
Gerste	31 000 t
Hülsenfrüchte	271 000 t
Obst	548 000 t
Gemüse	2 038 000 t
Fleisch	215 000 t
Milch, Milchprodukte	1 274 000 t
Fisch	42 000 t
Eier	590 000 St.

Viehbestand

Rinder	7 215 200
Yakkreuzungen	95 400
Büffel	3 477 700
Ziegen	6 932 900
Schafe	471 200
Schweine	632 600
Pferde	20 100
Maultiere, Esel	6 000
Hühner	27 631 300

Industrie

	Anzahl	Produktionswert*
Betriebe gesamt	3 213	94 811 061
Keramik, Tonwaren	507	1 752 243
Getreidemühlen	316	5 820 834
Möbelherstellung	268	459 711
Teppichmanufakturen	239	33 794 943
Plastikprodukte	188	3 838 172
Konfektion	115	5 771 802
Sägemühlen, Sperrholz	109	304 214

	Anzahl	Lohnsumme*
Beschäftigte gesamt	191 853	6 389 661
Keramik, Tonwaren	47 791	525 584
Konfektion	18 389	795 932
Teppichmanufaktur	18 514	585 532
Juteverarbeitung	10 952	330 762
Anteil der weiblichen Lohnarbeit (ohne Landwirtschaft)		17,4 %

(* in 1000 Nepalischen Rupien)

Die Entwicklungspläne Nepals

1. Plan	1956–1961
2. Plan	1962–1965
3. Plan	1965–1970
4. Plan	1970–1975
5. Plan	1975–1980
6. Plan	1980–1985
7. Plan	1985–1990
8. Plan	1992–1997
9. Plan	1997–2002
10. Plan	2002–2007

Zeittafel

ca. 700 v. Chr.	Beginn der Kiranti-Dynastie
ca. 563 v. Chr.	Geburt von Siddhattha Gotama, des historischen Buddha
ca. 250 v. Chr.	Vermutlich Ursprung von Swayambhunath
1. Jh. v. Chr.	Beginn der Somabansi-Dynastie, Einführung des Kastensystems
ca. 400	Nepal unter der Lichhavi-Dynastie
5. Jh.	Tempel von Pashupatinath wird erbaut
723	Gründung von Kathmandu
750	Thakuri- und frühe Malla-Periode
899	Gründung von Bhaktapur
1201	Gründung der Malla-Dynastie
1349	Moslemische Invasion des Kathmandu-Tals
1382	König Jayasthiti Malla kodifiziert Kastensystem
1480	Malla der Drei Reiche
1559	Gründung der Shah-Dynastie in Gorkha
1723	Prithvi Narayan Shah wird geboren (gest. 1775)
1770	Kathmandu wird Regierungssitz der Shah-Dynastie
1846	Beginn der Rana-Herrschaft
1860	Nepal in seinen gegenwärtigen Grenzen
1901	Singha-Durbar wird erbaut
1914	Erste Gurkha-Truppen in britischen Diensten
1927	Abschaffung der Sklaverei
1950	König Tribhuvan flieht nach Indien
1951	Rückkehr König Tribhuvans, Ende der Rana-Herrschaft
1955	Mahendra folgt seinem Vater Tribhuvan auf den Thron
1957	erste allgemeine Wahlen
1962	Einführung des Panchayat-Systems
1972	Birendra folgt seinem Vater Mahendra auf den Thron
1975	Krönung Birendras, Erklärung Nepals zur »Friedenszone«
1980	Volksabstimmung bestätigt das Panchayat-System knapp
1990	Unruhen führen zur Abschaffung des Panchayat-Systems und zur Zulassung politischer Parteien. Konstitutionelle Monarchie
1991	Erste Parlamentswahlen unter der Verfassung von 1990
1996	Maoisten rufen »Volkskrieg« aus
2001	Nach »Palastmassaker« wird Birendras Bruder Gyanendra König
2002	König Gyanendra löst das Parlament auf, entläßt die Regierung und übernimmt zeitweise die Kontrolle
2006	Unruhen führen zur Wiedereinsetzung des Parlaments. Friedensabkommen mit den Maoisten
2007	Übergangsregierung verschiebt Wahlen zur verfassunggebenden Versammlung vom Mai in den November und sagt sie im Oktober erneut ab (Stand: 8. Oktober 2007)

Zeitrechnung und Maßeinheiten

Für den Uneingeweihten können die in Nepal offiziell gebrauchten Jahreszahlen Anlaß zur Verunsicherung sein, denn amtliche Dokumente von Anfang 2008 AD werden zum Beispiel auf das Jahr 2064 datiert sein. Der Grund dafür ist, daß die amtliche nepalische Zeitrechnung dem Bikram-Sambat (BS) folgt. Dieser nordindische Kalender, der Ende des 19. Jahrhunderts in Nepal eingeführt wurde, eilt der internationalen Zeitrechnung um ungefähr 56 Jahre und 8 Monate voraus. Das Jahr beginnt um Mitte April herum mit dem Monat Baisakh, dann folgen Jeth (Mai–Juni), Asadh (Juni–Juli), Sawan (Juli–Aug.), Bhadra (Aug.–Sept.), Asoj (Sept.–Okt.), Kartik (Okt.–Nov.), Mangsir (Nov.–Dez.), Push (Dez.–Jan.), Magh (Jan.–Feb.), Phagun (Feb.–März) und Chait (März–April). Da die Monate des Bikram-Sambat dem Mondzyklus folgen, sind seine Daten gegenüber dem internationalen Kalender beweglich. In der Alltagssprache werden Daten nach Bikram-Sambat durch das Wort *gate*, solche nach dem internationalen Kalender durch *tarikh* gekennzeichnet.

Die Newars im Tal von Kathmandu haben ihren eigenen Kalender, den Newar- (oder Nepal-)Sambat (NS), der am 20. Oktober 879 unserer Zeitrechnung begann, so daß das newarische Neujahrsfest im Herbst stattfindet. Ein dritter Kalender, der Shakya-Sambat, der im Jahr 78 AD begann, wird von Astrologen für ihre Berechnungen benutzt. Außerdem ist bei den entsprechenden Volksgruppen der tibetische Kalender in Gebrauch, der in vielem dem chinesischen ähnlich ist. Das tibetische Neujahrsfest Losar fällt in den Zeitraum Januar–Februar.

Obwohl das metrische System von Maßeinheiten in Nepal offiziell eingeführt wurde, werden daneben noch immer britisch-amerikanische und althergebrachte örtliche Einheiten benutzt. Einige der gebräuchlichsten sind vorne im Umschlag dieses Buches zusammengestellt.

Feiertage

Einige der Feste finden an fixen Kalenderdaten statt, bei vielen religiösen Festen bestimmen aber die Astrologen, wann genau sie zu begehen sind. Als Anhaltspunkt sind im folgenden die Feiertage für das Jahr 2064 BS (2007/08 AD) angegeben. Die staatlichen Feiertage (•), an denen die Regierungsbüros geschlossen bleiben, haben sich in den letzten Jahren häufig geändert, und einige, die erst vor kurzem aus politischen Gründen weggefallen sind, haben wir hier zur Erinnerung mit aufgeführt (•).

2064 BS		2007 AD		Feiertage
Baisakh	1	April	14	• Nawa Barsa: Neujahr nach Bikram-Sambat
	4		17	Mahatirtha-Aunsi: Muttertag
	18	Mai	1	• Loktantra-Diwas: Tag der Wiedererlangung der Demokratie (seit 2006). – Tag der Arbeit

155

2064 BS	2007 AD	Feiertage (Fortsetzung)
19	2	• Buddha-Jayanti: Buddhas Geburtstag
Asadh 23	Juli 7	• Geburtstag von König Gyanendra
Bhadra 11	Aug. 28	• Janai-Purnima/Rakshya-Bandhan: Schnurzeremonie, in ganz Nepal
12	29	• Gai-Jatra: Umzüge von Kühen und Menschen in Erinnerung an die Toten, im Kathmandu-Tal
18	Sept. 4	• Krishna-Jayanti/Shree-Krishna-Asthami: Krishnas Geburtstag, in ganz Nepal
25	11	Kushe-Aunsi/Gokarna-Aunsi: Vatertag, besonders in Gokarna.
28	14	Tij (Feiertag für Frauen)
30	16	Rishi-Panchami (Feiertag für Frauen)
Asoj 1	18	Bishwakarma-Puja: Fest zu Ehren des Gottes der Handwerkerkasten
8	25	• Indra-Jatra: Fest mit Umzügen zu Ehren des Gottes Indra, nur Kathmandu-Tal
25	Okt. 12	• Ghatasthapana (Beginn des 15tägigen Dasain-Festes)
26	13	Eid-al-Fitr, Ende der Ramadan-Fastenzeit (Feiertag für Muslime)
Kartik 1	18	• Pulphati (7. Tag des Dasain-Festes), Zeremonien mit Getreidesprößlingen
2	19	• Maha-Asthami (8. Tag), Blutopfer für die Göttin Durga/Kali
3	20	• Hama-Nawami (9. Tag), Blutopfer besonders im Taleju-Tempel von Hanuman Dhoka
4	21	• Viyaja-Dasain/Dasain-Tika (Haupttag des Dasain-Festes), Segenszeremonien in der Familie
5–7	22–24	• 11. bis 13. Dasain-Feiertag
21	Nov. 7	Kag-Puja (Beginn des Tihar-Festes), Anbetung der Krähen
22	8	• Kukur-Puja (2. Tag des Tihar-Festes), Anbetung der Hunde. – [Tag der Verfassung von 1990]
23	9	• Gai-Puja und Laxmi-Puja (3. Tag), Anbetung der Kühe und der Wohlstandsgöttin Laxmi
24	10	• Gobardhan-Puja (4. Tag), Anbetung der Ochsen, Deusi-Gesang
25	11	• Bhai-Tika (5. Tag), Schwestern geben ihren Brüdern Tika
30	16	• Chhath-Parba (Feiertag im Tarai)

2064 BS		2007 AD	Feiertage (Fortsetzung)
Mangsir	6	22	• Tag der Wahlen zur verfassunggebenden Versammlung (nur dieses Jahr)
	28	Dez. 14 07	Sita-Bibah: Hochzeitstag der Götter Sita und Ram, besonders in Janakpur
Push	10	25	Weihnachten (Feiertag für Christen)
	27	Jan. 11 08	• Prithvi-Jayanti: Tag der nationalen Einheit, Geburtstag des Staatsgründers Prithvi Narayan Shah
Magh	1	15	Maghe-Sakranti: Fest zum Winterende, in ganz Nepal, besonders in Chitwan
	8	22	Beginn von Swasthani-Barta: Fest zu Ehren von Gott Shiva und Lesung der Schöpfungsgeschichte, in ganz Nepal, besonders in Kathmandu
	16	30	• Tag der Märtyrer (im Kampf für die Demokratie)
	24	Feb. 7	Losar (Feiertag für Tamang, Gurung, Sherpa und Tibeter). – Triveni Mela, in Butwal
		11	• Basanta-Panchami: Fest zu Ehren von Saraswati, der Göttin der Gelehrsamkeit, und Frühlingsbeginn
Phagun	7	19	• Prajatantra-Diwas: Tag der Demokratie
	8	20	Swasthani-Purnima: Ende von Swasthani Barta (siehe 8. Magh), besonders in Sankhu
	23	6	• Maha-Shivaratri: Geburtstag des Gottes Shiva
	25	März 8	Nari-Diwas: Frauentag (Feiertag für Frauen)
Chait	8	21	• Phagu-Purnima/Holi: Farbenfest, im Bergland
	9	22	• Phagu-Purnima/Holi: Farbenfest, im Tarai
	12–13	25–26	Chaite-Dasain: Tieropferfest, besonders in Kathmandu
	13	26	Ram-Nawami: Geburtstag des Gottes Ram, besonders in Kathmandu
	23	April 5	Ghode-Jatra: Pferderennen, in Kathmandu

Quellen: www.nepalvista.com/cal/2064 (Abruf 29. 8. 2007); Feiertagsliste des Deutschen Entwicklungsdienstes Nepal, April 2007; Übersicht von Anneliese Dietrich, Prami Shrestha und Ram Pratap Thapa in der Nepal Information 86 (Dezember 2001); und andere. Angaben ohne Gewähr.

Literaturempfehlungen

Unter www.nepalkunde.de entsteht eine detaillierte Nepal-Bibliographie. Wir möchten hier nur einen Überblick über die wichtigsten, wo möglich deutschsprachigen Einführungswerke geben.

Als kurzgefaßte, allgemeine Einführung mit **Reiseinformationen** sei der *Marco-Polo-Reiseführer Nepal* von Ludmilla Tüting und anderen genannt, der 2005 in 6. Auflage erschienen ist und mit viel Einfühlung in soziale und ökologische Fragen geschrieben wurde.

Bei den **geographischen Länderkunden** führt auch heute kein Weg an Toni Hagens *Nepal. Königreich am Himalaya* vorbei, das 1961 in Bern erschienen ist und mehrere aktualisierte Auflagen in Deutsch und Englisch (Himal Books, Kathmandu) erfahren hat. Die Studie *Lebensraum Nepal. Eine Entwicklungsgeographie* von Wolf Donner (1994), Nachfolger von *Nepal. Raum, Mensch und Wirtschaft* (1972) des gleichen Autors, ist der wesentlich umfangreichere »große Bruder« des vorliegenden Buches.

Wer **Landkarten** sucht, findet auf dem örtlichen Markt alles von der berühmten Schneider-Karte über amtliche Meßtischblätter bis zu selbstgemachten Blaupausen. Es sei hier insbesondere auf die hervorragenden Reliefpanoramakarten von Gesamtnepal und seinen touristischen Regionen, die *Gecko Maps* vom Karto-Atelier in Hinteregg, Schweiz, hingewiesen (www.geckomaps.com). Eine empfehlenswerte Sammlung **thematischer Karten** ist *Nepal. Atlas & Statistics*, herausgegeben von Harka Gurung (2006).

Der einzige spezielle **Naturführer** auf dem deutschsprachigen Markt ist der *Reiseführer Natur. Nepal, Sikkim, Bhutan* von Ulrich Gruber (1995), von dem für Oktober 2007 eine veränderte Neuauflage angekündigt ist. Botanisch Interessierte können anhand des Bilder-Taschenbuchs *Trees and Shrubs of Nepal and the Himalayas* von Adrian & Jimmie Storrs (1998) wichtige Gehölzarten kennenlernen. Das umfangreiche Bestimmungswerk *Flowers of the Himalaya* von Oleg Polunin & Adam Stainton (1984) umfaßt auch viele Blütenpflanzen des Mittelgebirges und teils der Ebenen. Vogelfreunde werden schnell ihren Weg zu *Birds of Nepal* von Robert L. Fleming, Sr., u. a. (1979) bzw. dem gleichnamigen Buch von Richard Grimmett u. a. (2000) finden. Diese und weitere englischsprachige Werke sind am einfachsten und günstigsten in den Buchläden Kathmandus zu erwerben.

Eine umfassende **Geschichte** Nepals gibt es auf deutsch bisher leider nicht. Das beste der englischen Bücher ist *A History of Nepal* von John Whelpton (2005). Neben den politischen Ereignissen legt der Autor großen Wert auf die Zusammenhänge zwischen Naturraum und Geschichte sowie den Wandel von Identitäten und gesellschaftlichen Werten während der letzten Jahrzehnte. In *Forget Kathmandu* von Manjushree Thapa (2005), einer Mischung aus politischem Tagebuch und literarischer Reportage, das mit dem »Palastmassaker« von 2001 einsetzt, läßt die Autorin die nepalische Geschichte anhand eines Besuchs im Nationalmuseum Revue passieren und verknüpft sie mit aktuellen Ereignissen. (Eine deutsche Übersetzung wird voraussichtlich 2008 in der Edition Kathmandu erscheinen.)

Als Einführung in **Kunst und Kultur** ist der *DuMont Kunst-Reiseführer*

Nepal von Ulrich Wiesner (1997) zu empfehlen, der ausführliche Informationen vorwiegend zu den Bauwerken und der Geschichte des Kathmandu-Tals versammelt.

Die Edition Kathmandu veröffentlicht neben Sachbüchern wie dem vorliegenden Band auch Übersetzungen nepalischer **Romane und Erzählungen**, die dem Leser das Land auf ihre Weise näherbringen. Darunter sind *Geheime Wahlen* von Manjushree Thapa (2007), *Der Liebesguru* von Samrat Upadhyay (geplant für 2008) und *Die Feuersbrunst. Dreizehn nepalische Kurzgeschichten*, herausgegeben von Peter Vonessen & Hildegard Fischer (geplant für 2008).

Dem an Nepal längerfristig Interessierten bietet die von der Deutsch-Nepalischen Gesellschaft e.V., Köln, herausgegebene, zweimal jährlich erscheinende **Zeitschrift** *Nepal Information* aktuelle Meldungen, Berichte und Buchbesprechungen aus einem breiten fachlichen Spektrum (www.deutsch-nepal.de).

Nepal im Netz

Im Netzportal zu diesem Buch – **www.nepalkunde.de** – finden Sie eine wachsende Anzahl von Materialien, Daten und Adressen zum Thema Nepal. Für den Einstieg eignen sich außerdem die folgenden Portale und Archive (in alphabetischer Reihenfolge):

digitalhimalaya.com   Elegant gestaltetes Portal zu akademischen, insbesondere anthropologischen Netzangeboten, mit schönen eigenen Inhalten

nepaldemocracy.org   Dokumentenarchiv zu Politik und Zivilgesellschaft, bereitgestellt von der Friedrich-Ebert-Stiftung

nepalhomepage.com   Nepalisches Netzportal zu allen Lebensbereichen

nepalnews.com   Führendes Nachrichtenportal mit laufend aktualisierten Meldungen und Verknüpfungen zu allen wichtigen nepalischen Medien

nepalresearch.com   Archiv ausgewählter Nachrichten und Dokumente sowie eigener Aufsätze des Politologen Karl-Heinz Krämer

ngo-forum.de   Verzeichnis von nepalbezogenen deutschen und nepalischen Nichtregierungsorganisationen, mit Veranstaltungshinweisen

tdhl.org   The Tibetan and Himalayan Digital Library

Veröffentlicht in der Edition Kathmandu
bei Lāhure Kitāb, Bergisch Gladbach und Kathmandu
Redaktionsschluß: 1. September 2007

Eine frühere Textfassung erschien 1990
unter dem Titel *Nepal. Im Schatten des Himalaya*
in der Beck'schen Reihe.

Bildautoren
WOLF DONNER Abbildungen 3, 4, 29
RAM KUMAR MANANDHAR Abb. 1, 21, 25
(pronps.nepal@wlink.com.np)
PRAMI SHRESTHA Abb. 5, 12–20, 22–24, 26–28, 30, 31
(hari@prami.wlink.com.np)
SAGAR SHRESTHA Abb. 2, 6–10
(sagar.shrestha@gmail.com)

Mitarbeit und Lektorat Philipp Pratap Thapa
Korrektorat Claudia Oehmke, Tobias Dörr
Typographie und Umschlag Ph. P. Thapa
Karten/Diagramm C. Oehmke (Zeichnung), Ph. P. Thapa (EDV)
Schriften Minion 9,5/12,1 pt, Linotype Syntax, Sanskrit 2003
Papier Munken Premium 90 g/m² (FSC-zertifiziert und chlorfrei gebleicht)
Druck Hubert & Co, Göttingen

Kartenquellen
Höhenstufen, Vegetationszonen, Historische Skizze: WOLF DONNER (1994)
Lebensraum Nepal. Eine Entwicklungsgeographie. Hamburg: Inst. f. Asienkunde.
Gewässer, Sprachen: HARKA GURUNG (Hrsg.) (2006) *Nepal. Atlas
and Statistics.* Kathmandu: Himal Books. Straßen, Ortsklassifikation:
Thematische Karten der Vereinten Nationen, Kathmandu, Stand 2001
(www.un.org.np). Niederschläge, Gipfel: P. S. CHAPAGAIN, P. K. GHIMIRE
& R. THAPA (2006) *Ekta School Atlas.* Kathmandu. Weitere Referenzen:
B. MAYHEW, L. BROWN & W. VIVEQUIN (2003) *Nepal.* Lonely Planet.
– Nelles-Nepalkarte 1 : 500 000 / 1 : 1 500 000.

Weitere Materialien, Daten und Adressen zu Nepal finden Sie unter
www.nepalkunde.de

Mehr zum Verlag, unseren Büchern und Autoren unter
www.edition-kathmandu.de

ISBN 978-3-939834-01-4
Printed in Germany